グラスリッツェンを楽しむ

私の手彫りガラス

井上裕子著

フラワーベース／25㎝×42.5㎝

撮影協力／三井ホームYOUR SIGN成城モデルハウス

図案・彫り方／
花柄のティーセット54ページ
カラーのケーキタワー55ページ
小花のスコーンセット53ページ

午後のひとときき

親しいお友達をお招きして、楽しい会話と
とびきり美味しい紅茶でアフタヌーンティー……。
同じパターンの繰り返しを彫るには、
根気と努力が必要です。

撮影協力／三井ホームYOUR SIGN成城モデル

撮影協力／三井ホームYOUR SIGN成城モデルハウス

天使のメロディー

天使の奏でるメロディーが
何処からともなく聞こえてくるような……
そんな鏡の中で、身も心もちょっぴりお洒落な気分。
鏡を彫るときは、彫り線が二重に見えるので、
明るい場所で、焦点を合わせるように彫ります。

図案・彫り方／天使の鏡56,57ページ

「T」の想い出

大切にしまっておいた、お気に入りの香水瓶。
心に秘めたイニシャルを想いを込めて彫りました。

図案・彫り方／イニシャルの香水瓶60ページ

天使のまなざし

私と天使との交信……。
一点、一点の想いを
点刻で打ち込みました。

天使と羽根の六角皿／30cm×30cm×２cm

花束を持つ女性

ドレープのしなやかな流れに気をつけながら、美しい女性らしさを表現します。

図案・彫り方／花束を持つ女性のプレート58,59ページ

アニバーサリー

結婚式を挙げた教会と
二人のイニシャルを
アンティーク風に
仕上げてみました。

丸皿／直径36cm・キャンドルスタンド／14cm×23cm

撮影協力／三井ホームYOUR SIGN成城モデルハウス

12人の踊るお姫さま

今宵は、紳士、淑女の舞踏会、
身仕たくに余念がない
お姫さま達の表情を工夫します。

額／52cm×36cm

時の調べ

時計草をデフォルメして
コンポートいっぱいに広げました。

図案・彫り方／時計草のコンポート61ページ

くれない

アンティークなデザインの
ちょっぴりノスタルジーな被《き》せガラス。

図案・彫り方／
被せガラスの花瓶62ページ
風景のロックグラス63ページ

ディナーセッティング

6 枚のディナー皿。各々の花に意匠を凝らしてみました。
単調な花びらを優雅に、複雑な葉をレーシーに、
ひと花、ひと花、心を込めて、春の訪れを感じます。

撮影協力／三井ホームYOUR SIGN駒沢モデルハウス

図案・彫り方／
ぶどうのカラフェ71ページ・シクラメンのディナー皿66ページ・ひまわりのディナー皿68、69ページ・蘭のディナー皿70ページ・バラのディナー皿67ページ・百合のキャンドルスタンド64，65ページ

ワイングラス9.5cm×21cm／ワインクーラー20cm×20cm

ざくろ

熟れた実とその中から見える深紅の種、重なった葉。
実際には同時に見ることの出来ない花や蕾も加えて、
変化に富んだ彫りが面白く、楽しめる作品です。

図案・彫り方／
Babyのクリスタルプレート74,75ページ
左・ざくろの花瓶72ページ

Baby

友人の出産祝いに根気よく
一点、一点打ち込んだ逸品。
でも仕上げると、きっと手放せない宝物。

撮影協力／三井ホームYOUR SIGN成城モデルハウス

芍薬のオイルランプ／15cm×27cm

図案・彫り方／おだまきのオイルランプ78,79ページ

撮影協力／三井ホームYOUR SIGN駒沢モデルハウス

四季の実のランプシェード／38cm×35cm

ランプシェード3種

灯りに浮かび上がるさまざまな絵柄、
揺れる炎でより幻想的に……
おだまきは花より葉の薄さや立体感に挑戦。
四季の実と芍薬はそれぞれの器の形を
考慮した図案に苦心しました。

バイオレットの香り

なにげなく咲く花たちと
幾重にもプルーンを
彫り足して、華やかに
演出してみました。

図案・彫り方／
あじさいの変形皿76,77ページ
ソースピッチャー／15cm×10cm
プルーンのキャンディー入れ／
15cm×15.5cm

図案・彫り方／ユニコーンのティーポット73ページ・レース模様の丸皿80,81ページ

ファンタジー

レース模様の丸皿と幻想的なユニコーン。
どちらも正確で緻密なテクニックを要します。

スプリングガーデン

花畑のコンポート／24㎝×17.5㎝

春の花々が咲き乱れ、花たちの香りと
囁きが初夏の訪れを告げています。
花畑のコンポートは上下の花のバランスに注意し、桜草の
コンポートは花の構成を考えながら、繰り返し彫っていきます。

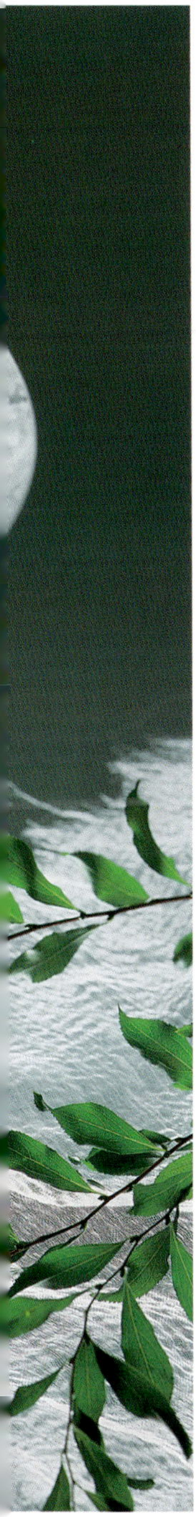

桜草のコンポート／17cm×30cm
フォクシャの変形皿／31cm×22cm

自然の神秘

静と動、その一瞬の美しさに魅せられて……
孔雀の羽根は単純な図案なだけに、器との調和を考えます。172匹の蜂の飛び立つ様子を構図してあります。

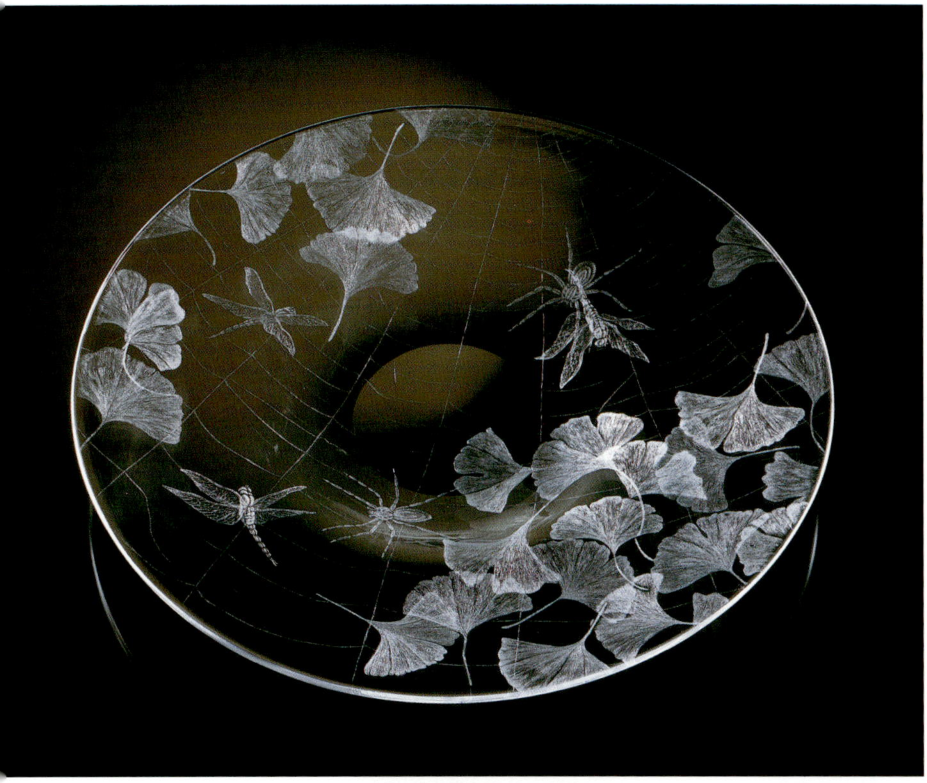

孔雀の羽根の花瓶／17.5cm×29cm
蜘蛛の巣の丸皿／直径36cm
蜂の深皿／直径38cm

撮影協力／三井ホームYOUR SIGN成城モデルハウス

いちごの水差し

みずみずしい、ほのかな甘い香りのするいちご。
いちごの質感表現は難しいので、じっくり取りかかりましょう。

図案・彫り方／いちごの水差し82ページ

ベジタブル

ミニ菜園で収穫した喜びをコンポートいっぱいに託してみました。
それぞれの形が面白いので、野菜の取り合わせ、構図に注意します。

図案・彫り方／野菜のコンポート84,85ページ

菖蒲のコンポート／20.5㎝×17㎝

撮影協力／三井ホームYOUR SIGN
駒沢モデルハウス

初夏の訪れ

ガラスの中に刻まれた
花菖蒲の大輪と水辺で遊ぶおしどりが
涼しげな夏を演出してくれます。

図案・彫り方／おしどりの花瓶83ページ

撮影協力／三井ホームYOUR SIGN成城モデルハウス

撮影協力／三井ホームYOUR SIGN成城モデルハウス

ワイングラス

基礎の彫り方の応用で
さまざまなワイングラスが仕上がりました。
そんなグラスでお気に入りのワインを……。

図案・彫り方／
さくらんぼ・プルーン・アイビー・藤・うさぎの各ワイングラス86〜90ページ

野の花

清楚で、何気なく
咲いている
野の花は、
何時の頃からか
人の心をほっと
和ませてくれます。
すずらんの配置や
野の花の構成を
考えて彫ります。

野の花の変形皿
／24cm×33cm

図案・彫り方／
すずらんのシャンパングラス91ページ

撮影協力／三井ホームYOUR SIGN駒沢モデルハウス

飛び魚の舞い

魚たちが渦を巻きながら、海面に向かい
勢い良く泳いでいる様子を彫りました。

図案・彫り方／飛び魚のコンポート96ページ

シェル

貝の配置の難しさを蟹と波が助けます。

図案・彫り方／シェルの変形皿92,93ページ

和の膳

蓋付き碗と箸置きに、日本古来の文様を刻んでみました。
青海波、桜と鹿の子、丸紋、どれも伝統の美しさです。

図案・彫り方／
丸紋・青海波・桜と鹿の子と各碗の箸置き94,95ページ

飛天（ひてん）

蓮の葉型の
ブロックガラスとの出合い
飛天との調和美。

図案・彫り方／飛天97ページ

観音像

一点、一点を刻んでいくと、
気持ちも澄んで、新たなる
日本美の再発見を実感します。

観音像／21㎝×14㎝×７㎝

図案／リボンのカラフェ47ページ

りぼんのカラフェ

カラフェにサテンのりぼんをリズミカルにイメージしてみました。どなたにでも好まれる可愛らしいデザインです。

輪郭線をつなげるときの失敗例です。薄いからと何度も彫り足さないようにして下さい。面を彫っていけば、自然に滑らかにつながります。

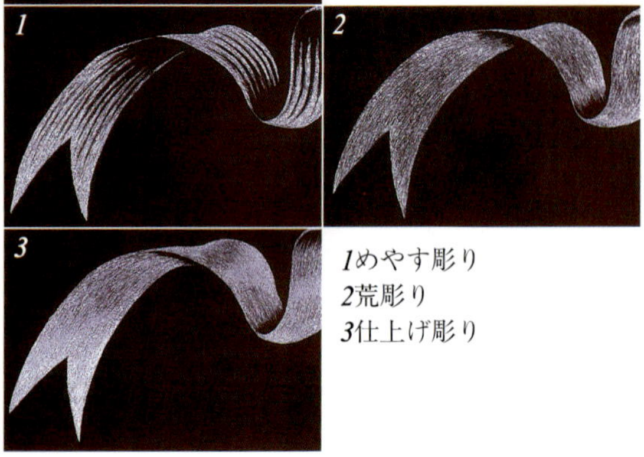

*1*めやす彫り
*2*荒彫り
*3*仕上げ彫り

リボンを彫る

1

❖材料・用具

左上からクッション(大) カラフェ ティシュペーパー 図案 クッション(小) 綿棒 除光液 油性サインペン 丸針 剣先針 ハサミ セロテープ

❖図案を写す

2

図案の1cm外側を切り取ります。
図案の所々に切り込みを入れ、ガラスの曲面に添わせるようにします。

3

ガラス器の内側に図案を配置して、セロテープで固定します。

4

油性サインペンで、ガラス器の外側から図案を点線で写します。

❖輪郭線を彫る

5

写した図案の線の外よりを点線で彫ります。点線で彫っていく輪郭線は、少しそれても、後で簡単に修正できます。

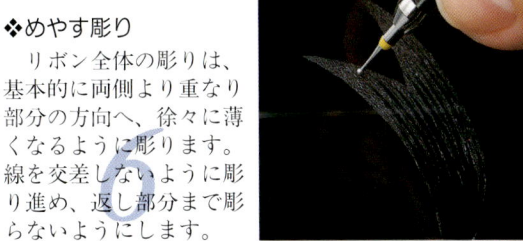

❖めやす彫り

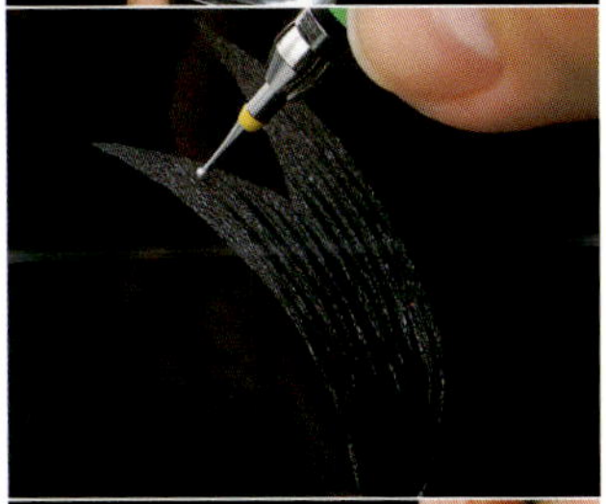

6

リボン全体の彫りは、基本的に両側より重なり部分の方向へ、徐々に薄くなるように彫ります。線を交差しないように彫り進め、返し部分まで彫らないようにします。

7

輪と垂れとの重なり部分は、必ず手前で針を止め、彫らずに残して立体感を出します。

❖荒彫り

8

上になっているリボンの輪の内側部分は、その中心より両側へ向かって薄くなるように彫ります。

9

下の輪の内側部分は、結び目より外方向へ向かって薄く彫ります。

10

交差しないように気をつけて、線から面へと彫り広げ、全面を荒彫りをしていきます。

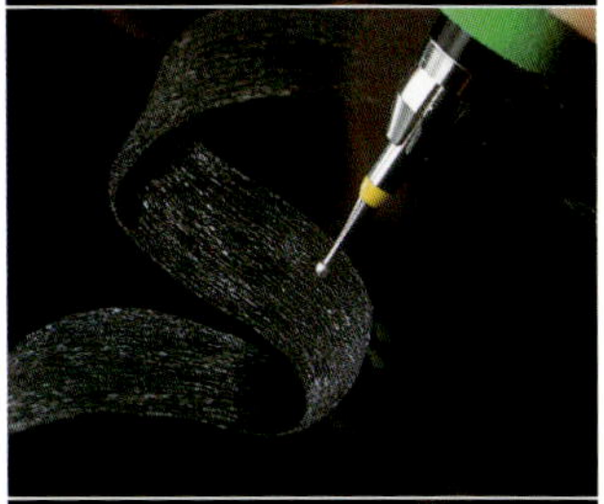

11

曲面は彫りやすいように器を動かしながら、滑らかな曲線を彫りつなぎます。

12

結び目のタックを表現する箇所は、楕円状に彫り残し表情をつけます。（*6〜12*全て丸針）

❖仕上げ彫り

13

細かい箇所は、剣先針に替えてシャープに彫り、仕上げます。（剣先針）

❖立体感を出す

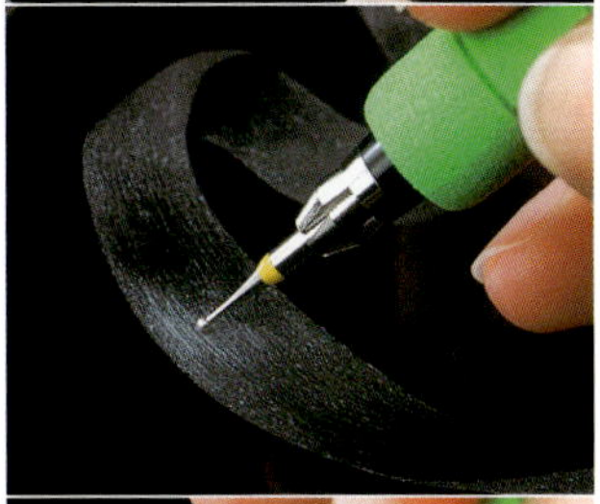

14

丸針でリボン全体をなでるように軽く彫り重ね、全体を滑らかにし、折り返し部分やカーブの箇所を彫り足して、白くハイライトを加え、立体感を出します。（丸針）

15

結び目中央もさらに彫り足して、表情をつけます。（丸針）

16

後ろ側は、リボンを逆さに配して、仕上げました。

バラを彫る

1 ガラスの裏に図案をあて、針を垂直に立て、輪郭線を打ちます。
2 点がつながらないように気をつけて、接点は必ず離し、輪郭線を写します。
3 輪郭線を打ち終えた面を均一に、滑らかに打ちます。立体感を出したいところは、その上にさらに打ち足します。
4 花びらの縁は濃く、内側へいくに従って薄く打ちます。葉は中心葉脈の両脇と輪郭を細かく打つことによって、シャープに美しく仕上がります。

【点刻のバラ】◆使用針　点刻ペン

図案／47ページ

1
2 3 4

【バラの葉】◆使用針　丸針・剣先針

1 中心葉脈と輪郭線を彫ります。
2 葉のイメージを頭に描きながら、脇葉脈部分を彫り残すように葉先から彫り始めます。
3 各脇葉脈のところは彫り残し、外側より中心葉脈に向かって徐々に薄く、力を抜いて彫ります。
4 全体を力を入れずに彫り整え、滑らかに仕上げ、葉の反りを表現するために、ハイライトを彫り加えます。
5 葉が重なっている場合は、下の葉の接点に近づくに従って薄く彫り、接点は離します。

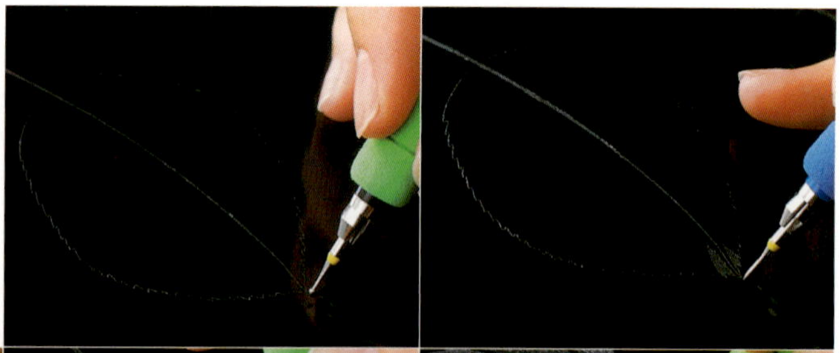

1 2
3 4 5

【線彫りのバラ】◆使用針　丸針・剣先針

1 花びらは縁から、つけ根に向かい弧を描くように立体感を出し、膨らみを表現します。
2 花びらの反り返りは、両端からつなぐように彫っていきます。
3 ギャザーのある花びらを彫ります。花びらの出ている部分は彫り足して、ハイライトを強くし、影になる部分は薄く彫るか、または彫り残して、立体感を表現します。
4 花びらと葉の重なりは、下の葉を離し、薄く彫ることで遠近感を出します。
5 葉や花びらの陽の当たっている部分を彫り加えて、ハイライトを表現します。細かい部分は剣先針で整えます。

	1	2
3	4	5

【小さな花びら】◆使用針　丸針

1 輪郭線は細く、長めの点線で彫り、左右対称に膨らませるように、めやす線を彫ります。
2 めやす線を中心に幅を少しずつ広げ、彫り伸ばします。
3 花びらのつけ根にいくに従って、徐々に薄くなるように彫ります。

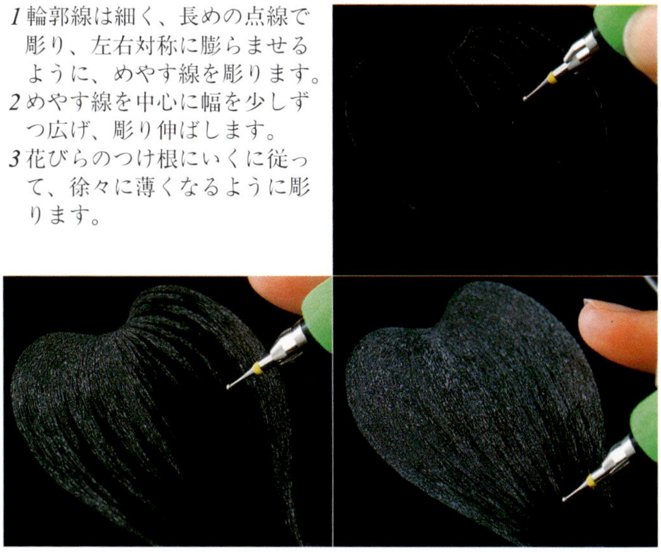

	1
2	3

図案・彫り方／
天使の丸皿Ⅰ・Ⅱ・
羽根のクリーマー98、99ページ

エンゼル

顔の表情、指のくびれに
気をつけながら彫り、
無邪気な天使を演出します。
点描が重ならないように、
緻密に打つには、根気がいります。

X'mas

屋根、窓枠などをパーツごとに
彫り、組み立てたガラスの家。
窓の中をのぞき込めば、
クリスマスがいっぱい……。

ガラスハウス／30㎝×25㎝×25㎝

図案・彫り方／クリスマスベルⅠ・Ⅱ・クリスマスボール100、101ページ

街並み

人々がのどかに行きかうメルヘンの世界。
寒さがしんしんと舞い降りたような雪の街並み。
この二つの季節を表現してみました。

風景のブロックガラス／16.5cm×22cm×43cm

図案・彫り方／
雪景色のブロックガラス102、103ページ

はじめに

ガラスが好きです。色ガラスも好きですが、透明な冷たい輝きに心惹かれます。そのガラス器に自分の思いが刻み込めたら、何と幸せでしょうか。

手彫りガラスは、ヨーロッパから伝わった技法ですが、繊細緻密で現在にも受け継がれ、魅了する作品が数多くあります。それらが日本に十分に紹介されず、今に至っております。微力ではありますが、それを私なりに消化し、よりよいものを目差したいとデザインし彫ってみました。手彫りガラスの魅力は少ない道具で手軽に誰でも楽しめることにあります。思いもかけず手早く素敵に彫り上がることがありますが、彫っていく過程を楽しみながらじっくり時間をかけて丁寧に彫ることで、より素敵な作品に仕上げることができます。

この本は初級から中級を対象にしております。そして上級の作品もほんの少し加えてみました。僅かでも参考にして頂ければ、本当に幸せです。

最後に、一人では成し得なかったこの本の製作に携わってくださった方々に心より感謝し、暖かい御助力にお礼申し上げます。

井上裕子

My Engraving

材料と用具

◆材　料

グラスリッツェンは身の回りにあるグラスやお皿などの日常使うガラス器のほとんどに彫刻できます。

ガラス

強化ガラスやカリガラスは、硬質のために軟らかい針を傷めますので、それぞれのガラスに適した針を選びます。

初心者の方はクリスタルガラスを選ぶとよいでしょう。

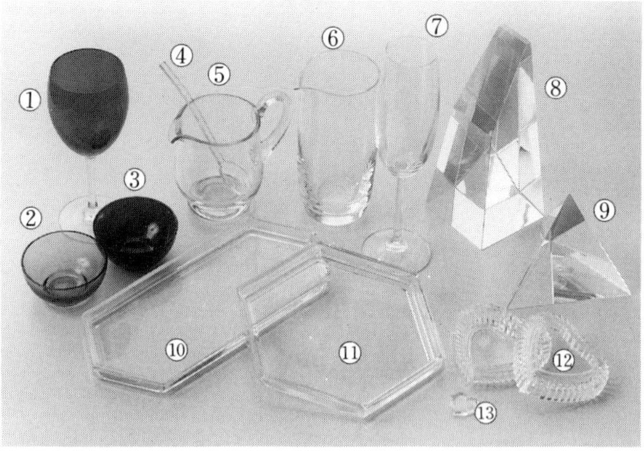

▼グラスリッツェンに適したガラス

硬質ガラス　使用する針（粒度の粗い針）	軟質ガラス　使用する針（粒度の細かい針）
被《き》せガラス①②③ 明暗をはっきり表現できるため、塗り潰したパターンに適しています。 被せガラスとは内側が無色透明で、その上に特殊な染料をかけ、610℃で黄色、再度450℃で緑、そして3度目で550℃に温度を上げて冷ましたものが赤となります。染料が同じでも焼く回数で色が変わります。製作行程に手間のかかる被せガラスは高価ですが、彫った場所が鮮明に浮き上がるので、細かい作業の効果も出やすく、手彫りならではの楽しさを味わえます。日本の被せガラスは層が厚くて彫るのに苦労しますが、チェコの素材が柔らかくて簡単に彫り上がります。	**クリスタルガラス** **クリスタルガラス（24％酸化鉛を含む）⑥⑫⑬** **クリスタルガラスブロック（24％以上酸化鉛を含む）⑧⑨** **セミクリスタルガラス（８％酸化鉛を含む）⑩⑪** クリスタルガラスは柔らかく、透明感が優れていますので、大切に彫りたい素材です。 ブロックは透明感が高く、各面の角度を利用して図案を構成すると、効果的な立体表現ができるどっしりした重厚な素材です。
ソーダガラス④⑤⑦ 市販されているジャムのビンなどに用いられています。手軽にグラスリッツェンを楽しめる素材です。	**耐熱ガラス** とても柔らかい部分と硬い部分が混ざっているため、深く彫り過ぎてしまうことがあります。安全性を考えて浅く彫ったほうがよいでしょう。
鏡 上と下の面に彫りが二重に写るので、気をつけて彫りましょう。 額のある場合ははずしてから彫ります。	**アクリル素材** とても柔らかく、粉もあまり出ませんので、初心者や子どもにも彫りやすいと思います。 しかし作業時に、たくさんの傷をつけてしまうことがありますので、彫るときは装身具などは外してください。 また除光液はアクリル板を白く濁らせますので、図案を写すときはカーボン紙を使ってください。

◆用　具

黒クッション(大) 1　表をベルベット、裏をフエルトで長方形（約30cm×約25cm）のクッションを作り、中はキルト芯を三重に入れます。

自由自在に折れ、ガラスの凹凸に合わせて形の変えられるものが使いよいです。

ベルベット面は彫るときに、フェルト面は図案を写すときにガラスに当てて使います。

除光液 2　ガラスに直接油性サインペンで書いた図案を消します。

綿棒 3　細かい図案の部分修正に使います。

ティッシュペーパー 4　彫るときにでるガラス

の粉を拭います。

黒クッション(小)5　クッション(大)と同じように長方形(約5 cm×約1.5cm)のクッションを作ります。

ガラスを傾けたときの補助や、グラスなどの小さなガラスの内側に入れ、彫り線を見えやすくします。またセロテープの代わりに図案を固定することもできます。

針6（丸針・剣先針・グミ針・しずく針）　3～5種類あればよいでしょう。同じ形でも粗いものから細かいものまで各種ありますが、本書では応用範囲の広い中間ぐらいのものを使用します。

トレーシングペーパー7　図案を写し、構成するときに使います。

ホルダーとホルダークッション8　ホルダーは針を固定します。クッションは文房具店で市販されています。

クッションをつけると握りが柔らかくなり、必要以上の力が加わるのを防ぎます。また指への負担がかからないために疲れず、きれいな線を彫ることができます。

点刻ペン9　点描で彫刻したいときや、線彫りの効果に使います。

油性ガラスペン（白）10　最後の図案構成に白を入れることによって、彫りを実感できます。またカーボン紙の代わりにも使用できます。

油性サインペン(極細)11　図案を素材に写すときに使います。

黒、赤、紺で0.05～0.1mmが適しています。

ハサミ12　図案を切り抜きます。

セロテープ13　図案を固定するときに使います。

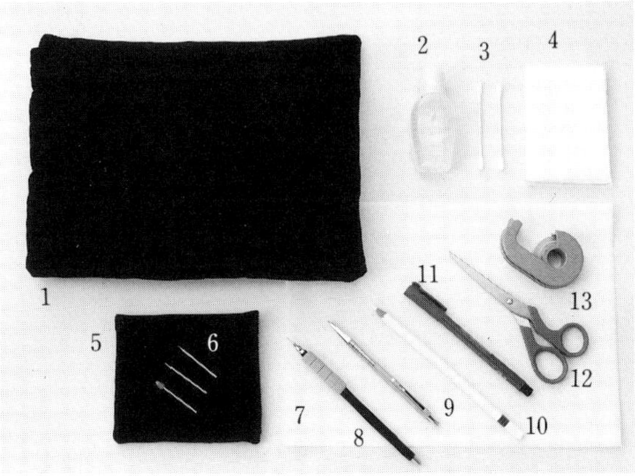

▼針の種類

針　名	特　徴
丸針 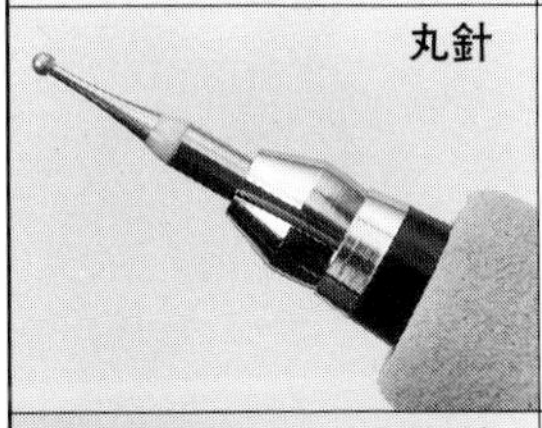	**輪郭線　面彫り（極細表示のもの）** ・基本針です。これ１本でほとんど対応できます。輪郭線は必ずこの針で彫ります。
剣先針 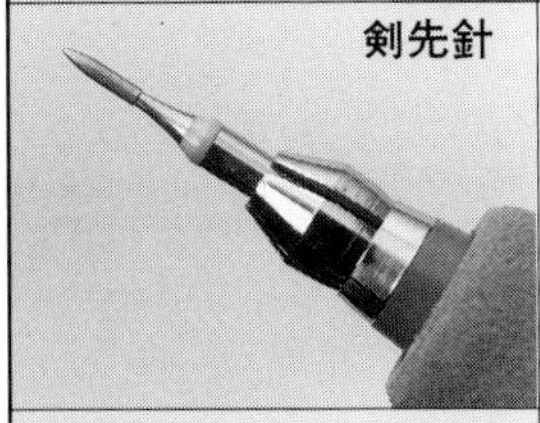	**おしべ　指先など細かい部分　面彫りの修正** ・細かい線やシャープな線を彫ったり、図案の立体感や遠近感を表現するときに使います。広範の彫りには向きません。 ・針をホルダーから長く出し、ねかせて針の脇面を使って滑らかな面を彫ることもできます。
グミ針 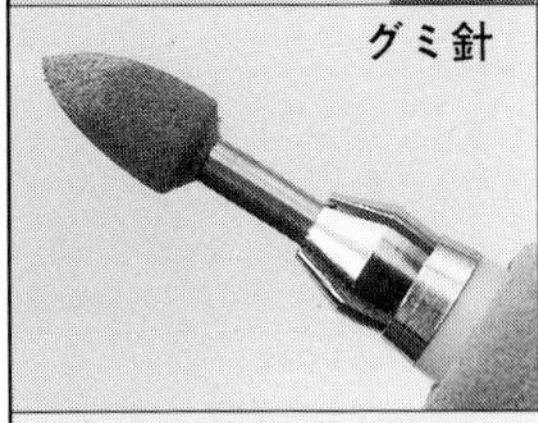	**面彫りの前段階の彫り　ぼかし（グラデーション）** ・この針でガラス面をこすってから彫ると、広範囲のグラデーションが表現しやすくなり、ガラス面と針との引っ掛かりを防ぐ効果もあります。 ・薄い影や光を効果的に表現できます。
しずく針 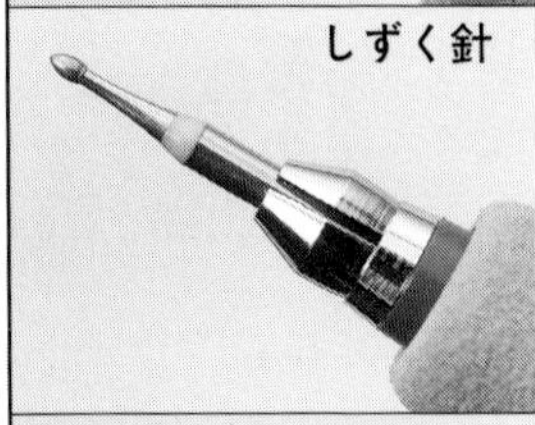	**広範囲塗り潰し　滑らかな面彫り** ・手早く滑らかな面を広範囲に彫れます。グラデーションやドレープを手早く彫るときに適しています。 ・丸針や剣先針との兼用にも適しています。
点刻ペン 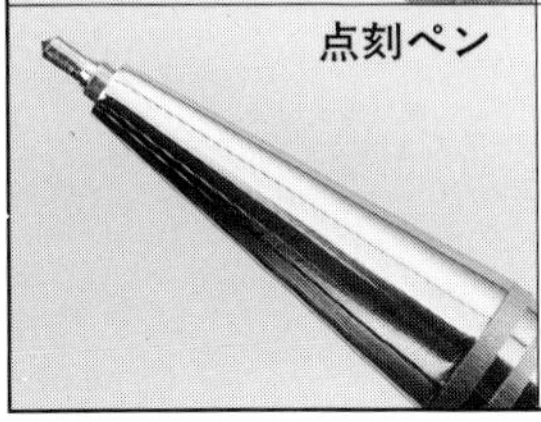	**点描　線彫りのアクセント** ・細かい点描を打ち重ね、立体感を柔らかく表現するときに、非常に効果的です。 ・線彫りの上から点描を打ち重ねることで、より立体感を高める表現ができます。

図　　　案

◆本書の図案について

本書ではカラーページの作品のポイントとなる部分を図案として掲載しました。

図案を元に組み合わせを考えながら、コピーで拡大・縮小などして、あなただけのグラスリッツェンに挑戦してみてください。

▼図案の写し方—立体的なガラス１（リボンのカラフェ／34ページ）

グラスや広口ビンなどに図案を写す方法です。

１　図案を切り取る　図案の１cm外側を切り取り、器の曲面に添うように全体に切り込みを数カ所に入れます。

↓

２　図案を固定する
ガラスの内側に図案を入れ、セロテープで固定します。
手の届かないところは鉛筆の先にセロテープをつけて固定するか、タオルやクッション（小）をガラスの内側に入れて図案を押しつけ、安定させます。

→

３　ガラス面に図案を写す
油性サインペンで、図案の少し外側に直接直線か点線で書き写します。

下絵を写す　油性サインペンの上は彫りにくく、彫るときに針が滑ることがあるので、できるだけ簡略な線で描きます。

動物を写す　細かい点線を外側に向く毛並みのように写します。

▼図案の写し方—立体的なガラス２

ボールや壺などの図案が内側に入らない立体ガラスに図案を写す方法です。
カーボン紙を用いると、図案とカーボン紙が重なり、写しにくくなります。

１　図案の裏側を塗り潰す
白の油性ガラスペンで塗り潰します。

→

２　図案を切り取る
図案の１cm外側を切り取り、器の曲面に合わせて切り込みを入れます。

→

３　図案を固定する
彫るガラス面にセロテープで固定します。

→

４　図案をなぞる
ボールペンなどで図案の少し内側を丁寧になぞります。

▼図案の写し方—平らなガラス

１　図案を切り取る
図案より少し外側を切り取ります。

→

２　図案を固定する
ガラスの裏側に図案をセロテープで固定します。

→

３　ガラス面に図案を写す
立体的なガラス１の写し方３の要領と同じです。

◆針について

針の耐久性

彫るときの力の入れ具合やガラスの硬度により、耐久性は異なります。針先はいつも同じところを使わずに角度を変えたり、針の長さを調整してください。彫り線が滑って見えないときが替えどきです。

グミ針は他の針よりも消耗しがちです。

針の選び方

針は粒度の違いによって、彫りの深さや滑らかさ、線の切れが変わってきます。
またダイヤモンド層の厚さもまちまちです。

すべてにバランスのとれた針を選ぶことが最良ですが、それぞれのガラスの特質に適し、手に馴染む針を見つけてください。

一般的には硬質ガラスには粒度の粗いもの、軟質ガラスには粒度の細かいものを選びます。

彫　　る

◆彫り方の基本

線彫り　小指をガラス面に延ばし、ガラスにかかるペン先の力加減を計りながら一定の力と速度を保ちますと、滑らかな線や面が描けるようになります。線の重なりの多少によって、明暗の表現をします。

点刻　針先の走りを防ぐには垂直に打ちおろし、垂直に持ち上げることが大切です。そのためには針先とガラス面の間を５㎜程度に保ちます。針をあまり高く持ち上げると思うところに打てなかったり、低いと点のつもりがつながって線になってしまうことがあります。

一定の速度を保ちながらガラス面に小指を延ばし、ペン先にかかる力の安定を計ります。

立体感を出すには一点を大きく打つのではなく、粒度を小さく揃えて打ち数の多少で表現します。

らせん彫り　ひび割れた雰囲気を出す彫り方です。小さな弧を描く曲線の不規則な重なりの線です。

POINT

垂直線と階段線

広い面に繊細さをより表現したいときに加える効果線です。垂直線は直角に入れる短い線で、階段線は階段形に数段分を短く彫る線です。

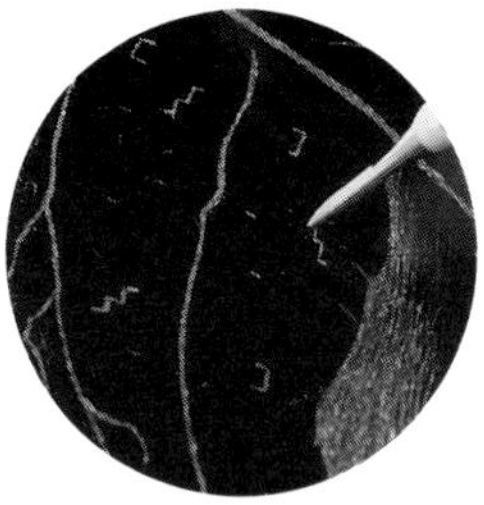

▼彫る手順

1　輪郭線を彫る

単独図案　図案の外側に輪郭線を入れます。多少大きく彫っても他図案との線の接触が少ないので、立体感やバランスを崩す心配はありません。

複雑な図案　図案の内側に輪郭線を入れます。接点が多く、図案より大きく彫るとそれぞれの絵柄が接触して、立体感を損ないやすくなります。写し取った図案よりも少し小さく彫って、バランスをみながら彫り足すようにします。

平面的な絵柄　平面の絵柄は輪郭線を多少深く彫っても立体感を損なわないので、実線で彫ります。(文様・彫り潰しなど)

球体などの曲線の絵柄　点線で彫ります。一点から左右対称に少しずつ輪郭線を彫ります。立体である球の凹面の輪郭線を深く彫り過ぎないためにも点線で彫ります。

→ **めやす彫り**
曲面や広い面を彫るときにおおよその流れを示すために、輪郭線を彫ったあとに行ないます。

↓

2　荒彫り（荒い面彫り）
図案を参考に面全体を彫り進みます。

↓

3　仕上げ彫り（仕上げの面彫り）
全体のバランスを考えながら、表面を滑らかに彫ります。

↓

4　ハイライトを入れる
光の当たっている部分を他より濃く彫り足し、立体感を表現します。

4　ポイントを入れる
図案の特性をより生かすために部分的に彫り足します。

初心者はつい力を入れ過ぎてしまうので、初めは極細表示の針を使いましょう。

針のセットの仕方

ホルダーの頭を押し、ステンレス部先端を広げて針を差し込みます。針はホルダーより1～1.5cmぐらい出して使います。力の強い人は長め、弱い人は短めにします。

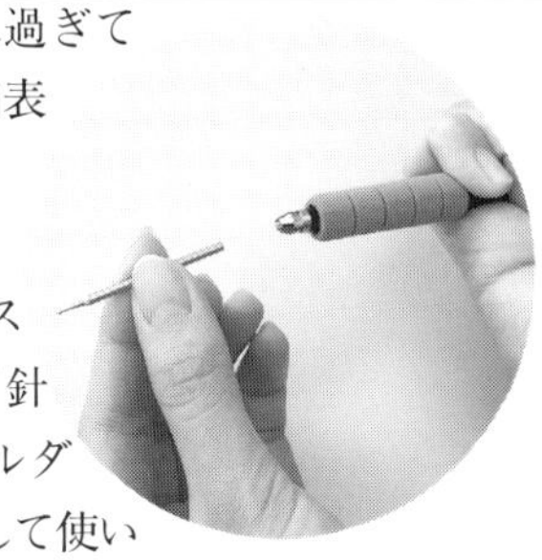

ホルダーの持ち方

線彫り　色鉛筆で絵をかくように、力を入れずにホルダーを握ります。ホルダーは立てて持つほどシャープな線が描け、ねかせると柔らかな線が描けます。彫る場所の明暗に応じてホルダーの角度を変え、彫りやすい持ち方をみつけて下さい。

点刻　輪郭線も面部分すべて点描で表現する技法です。ペンを直角に立てて持ち、真上から一定の力と速度で打ちおろします。

My Engraving

基礎テクニック

素敵な作品を作るために、下記のことに気をつけながらグラスリッツェンを楽しみましょう。

◆彫り過ぎない

ガラスは割れ物ですから、彫れば多少強度がおちます。深く彫り過ぎないように気をつけましょう。

◆厚いガラスに図案を写す

片目を閉じて視点を一定に保ちながら器を動かします。

◆明るい場所で彫る

窓辺や電気スタンドの下などで彫りましょう。暗いところで彫ると線を重ねてしまったり、強く彫り過ぎてしまいがちです。

一度彫った線は、決して消えませんが、透明マニキュアで多少調節できます。

◆輪郭線は強く彫り過ぎない

失敗しても重ねて彫ってはいけません。あとで修正できるように薄めに彫ります。

◆ガラスの粉や細かい破片は傷のもと

彫れば多少の粉や細かい破片がでます。目に入ることも考えられますので、彫りながらときどき水で流すか濡れたティッシュで押さえるように取り除いてください。強く擦るとガラスの粉でガラス面に傷をつけてしまいます。

◆器を動かしながら彫る

無理な姿勢で彫らず、器を常に動かしましょう。自分にあった彫り方（上から彫り下げる、下から彫り上げる）を見つけるのが上達のコツです。

◆線と線との接点は離して彫る

遠近感や立体感、陰影を表現するには濃く彫ったり、薄くぼかしたり、重なり部分を離して彫ります。

◆初心者はガラスの際まで彫らない

一般的にガラスの縁周りを彫り過ぎると、使用時に割れやすくなります。初心者は力加減が分からないので、縁から１～1.5㎜ほど離してやさしく彫りましょう。

◆美しく彫り潰す

一定の流れの方向に荒彫りした後、らせん彫りで全体を彫り重ねます。仕上げ彫りは荒彫りと同方向に彫り滑らかにします。

◆小さな素材を彫るとき

発砲スチロールなどに凹みを作り、セロテープで素材を固定して彫ります。

◆凹凸のある素材を彫るとき

小さなクッションを凹部分に当てて、できるだけ平面になるように固定して彫ります。

◆彫りの確認

彫ったガラスの裏側から見ると、過不足も確認できます。

接点は必ず離す
折り返しとカーブの
強い部分は最後にハ
イライトを入れる
リボンの重なり部
分は下になる影の
ところを彫らない
リボンの結び目の前
後を意識して彫る
折り返しへ向かいグラデーション
丸針・剣先針
剣先針でシャープに整える

直径6cm×16cm

リボンのカラフェ

彫り方／カラー口絵34ページ

●使用針●丸針　剣先針
図案●原寸

バラ

点刻のバラ●彫り方／カラー口絵36ページ
線彫りのバラ●彫り方／カラー口絵37ページ

●線彫りのバラの使用針●
丸針・剣先針
●点刻のバラの使用針●
点刻ペン
図案●原寸

POINT

線彫りの花びらを彫る
・丸針で彫ると強い線が出てしまうときは、グミ針でなでてから彫ると面彫りがしやすくなります。
・器を常に動かし、花びらの流れがきれいにつながるように彫り進みましょう。

My Engraving

彫る I

〈アイビー〉

●使用針●
丸　針、剣先針

▶輪郭線を彫る

1

図案の線より少し内側を彫ります。
〔丸針〕

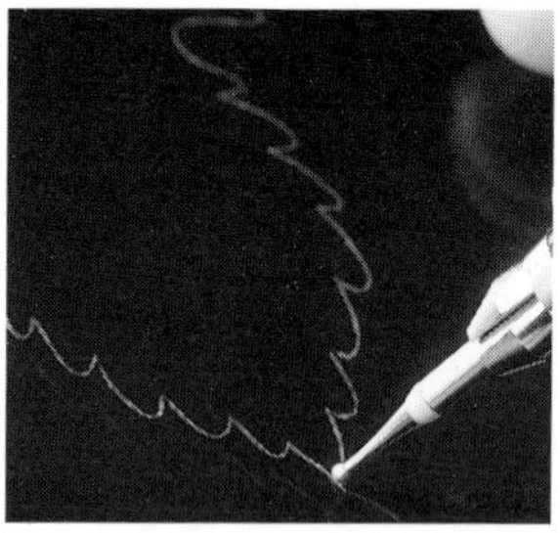

〈プルーンの葉〉

●使用針●
丸　針、剣先針

▶輪郭線と葉脈を彫る

1

図案の線より少し内側を彫ります。中心葉脈は葉先に向かい反り返った葉を表すように弓なりに彫ります。〔丸針〕

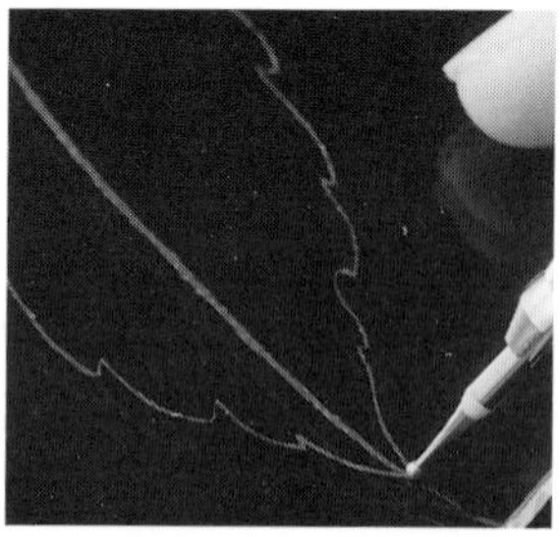

〈プルーンの実〉

●使用針●
丸　針

実の彫り方（めやす彫り）

前面の中心を垂直に彫り、左右対称に膨らむように彫り進みます。

▶輪郭線を彫る

1

点線で両側に彫り延ばすように正確に彫ります。凹み部分は実の前後を表わすので、必ず接点を離します。少しずつガラスを動かして彫りましょう。〔丸針〕

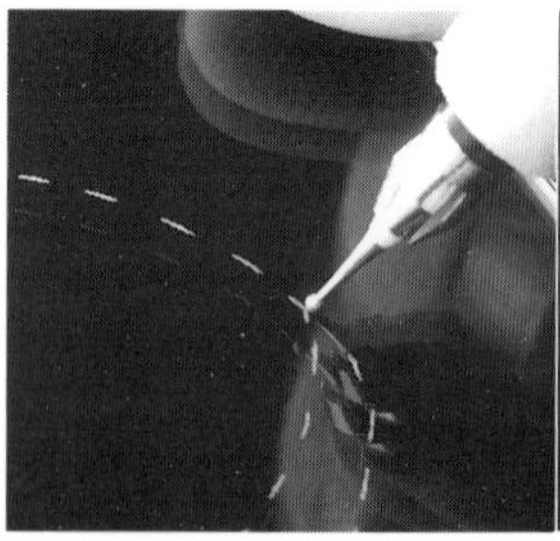

▶荒彫り

2

全体に均一の力を保ち、少しづつ彫り延ばすように曲面を彫っていきます。〔丸針〕

3

彫る箇所の移動に従い、ガラスを動かします。彫り上げたり、彫り下げたりして、全面を彫り埋めます。
〔丸針〕

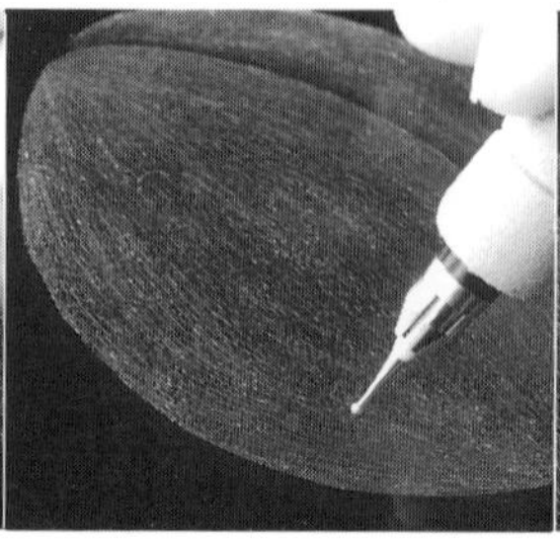

4

二面の接続部分は、実の凹み部分になりますので、彫り残します。
〔丸針〕

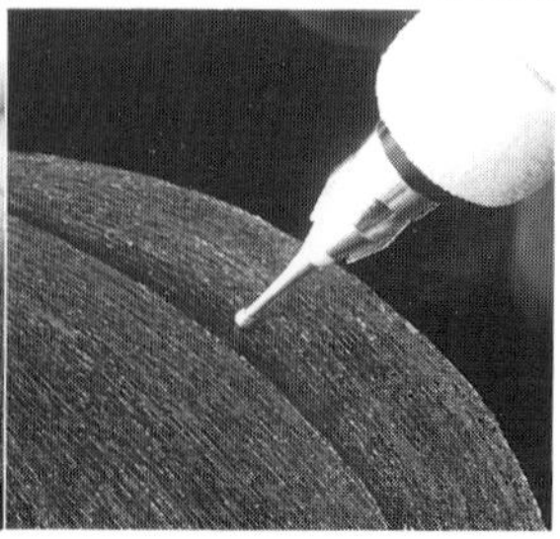

▶荒彫り

2

葉のイメージを頭に描き、葉脈を彫り残すように、各葉先から短い線で彫ります。左右どちらか一方は中心葉脈まで添わせ、反対側は離します。〔剣先針〕

3

各葉脈を彫り残し、左右対称に分かれ目まで彫ります。各面は濃淡をつけながら、表情を出しましょう。〔剣先針〕

▶立体感を出す

4

葉の中心部は、茎のつけ根から放射状に、残った部分を彫り加えます。〔剣先針〕

▶仕上げ彫り

5

葉の面のところどころを彫り足し、ハイライトを入れます。〔丸針〕

▶荒彫り

2

中心葉脈は葉先に向かい少しずつ細くなるように彫り広げ、脇葉脈を彫り残し、短い線で両脇を面彫りします。〔剣先針〕

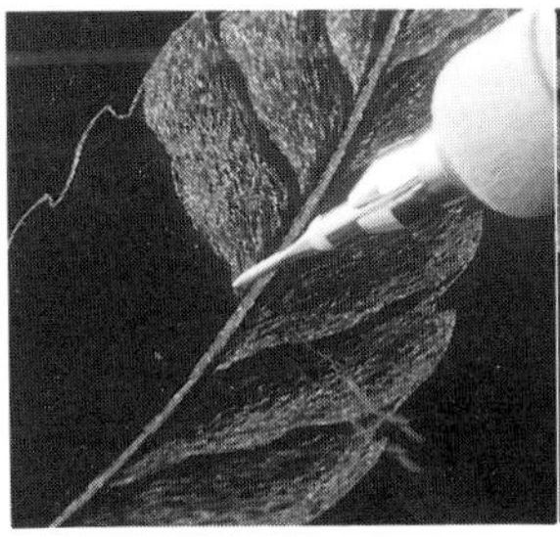

3

脇全体を彫り上げ、細かい部分を整えます。〔剣先針〕

▶立体感を出す

4

中心葉脈を茎へ彫り延ばし、幅を広げます。〔剣先針〕

▶仕上げ彫り

5

葉面のところどことを彫り足し滑らかに延ばし、ハイライトを入れます。〔丸針〕

▶立体感を出す

5

脇面の中心にハイライトを入れます。〔丸針〕

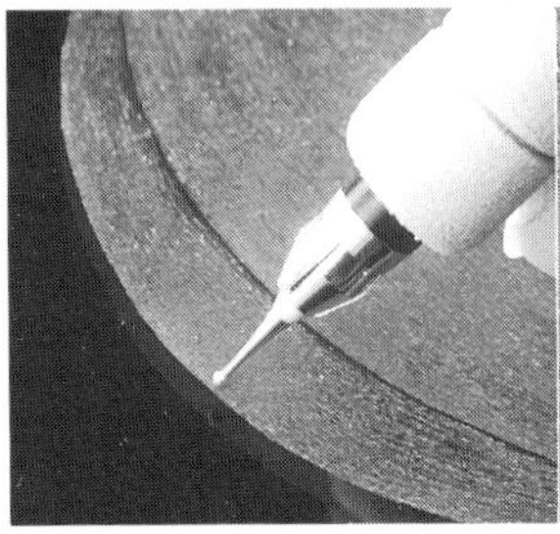

6

脇面のハイライトを前面にもつなぐように、ダイヤモンド形に広く彫り加えます。〔丸針〕

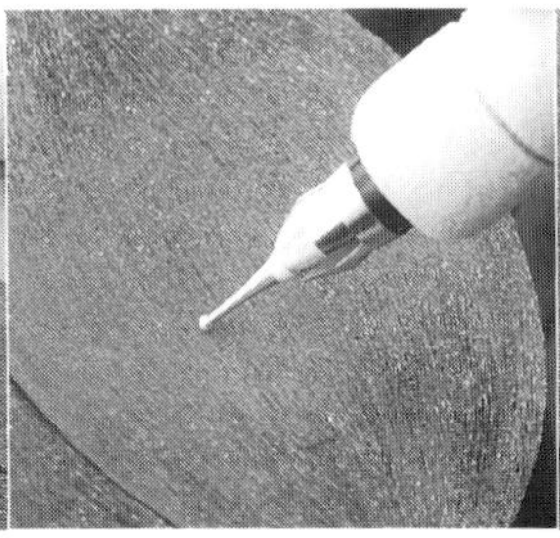

▶荒彫り

7

茎は直線の上に部分的に横線を加えて立体感を出し、実との接点は離します。〔丸針〕

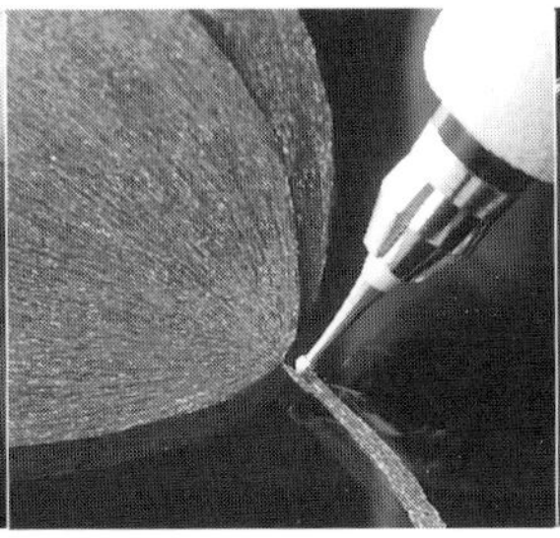

▶仕上げ彫り

8

全体をなでるように針を走らせ、実を滑らかにします。〔丸針〕

My Engraving

彫るII

〈さくらんぼの葉〉

●使用針●
丸　針、剣先針

▶輪郭線と葉脈を彫る

1 輪郭線は図案の少し内側を彫ります。中心葉脈は葉先に向かい、針を前後に５㎜往復して少しずつ広げます。〔剣先針〕脇葉脈は左右対称なハの字に中心葉脈と接点を離してＬ字に彫り足します。〔丸針〕

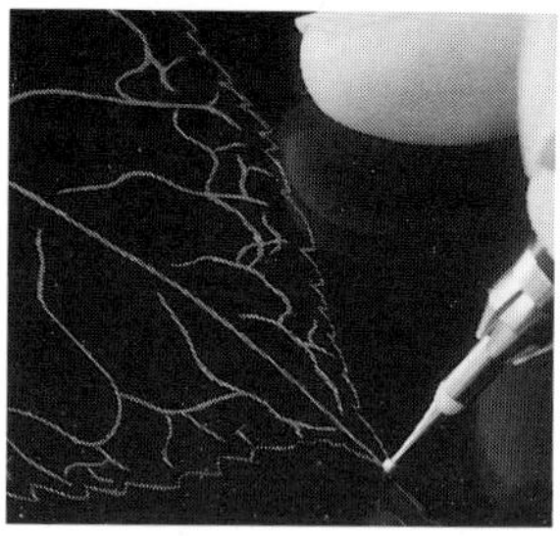

〈さくらんぼの実I〉

●使用針●
丸　針、剣先針

▶輪郭線を彫る

1

輪郭線は点線で彫ります。点線の移動に合わせながら器を動かし、手は定位置で彫ります。〔丸針〕

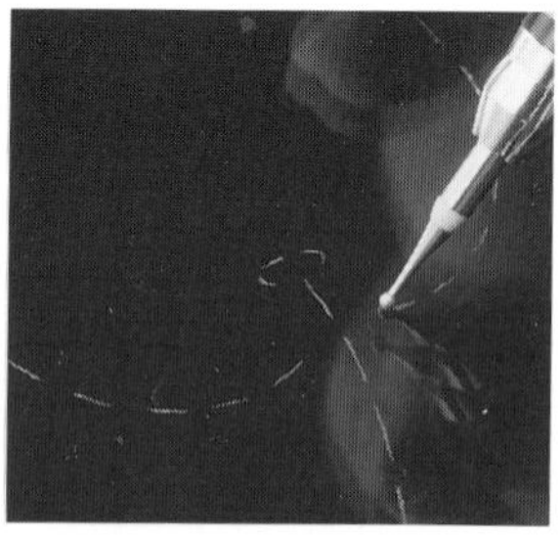

実の彫り方（めやす彫り）

サクランボ１
　実の周辺からへたに向かって彫ります。中心に垂直線を彫り、左右対称に膨らみを持たせてがら、上部へと向かいます。

サクランボ２
　底の点を中心に放射状に弧を描くように彫ります。茎と実の接点は離します。

〈さくらんぼの実II〉

●使用針●
丸　針

▶輪郭線を彫る

1

修正がしやすいように、点線で彫ります。底中心の目安として、一点の印を彫ります。〔丸針〕

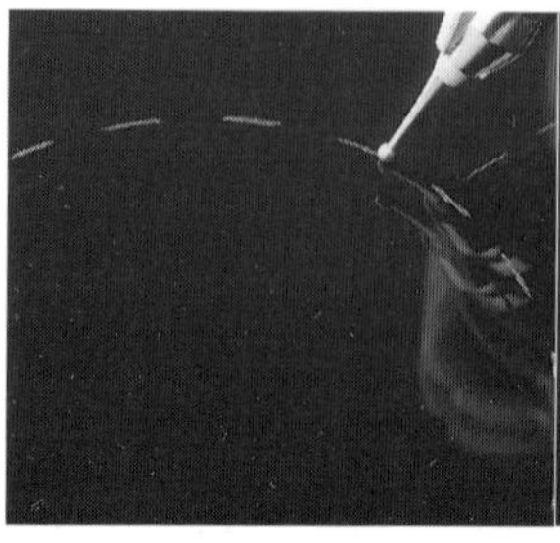

▶荒彫り

2

底の点より放射状に彫ります。一気に彫らずに、少しずつ延ばすように立体感のある曲線で彫りましょう。〔丸針〕

らせん彫りのさくらんぼ

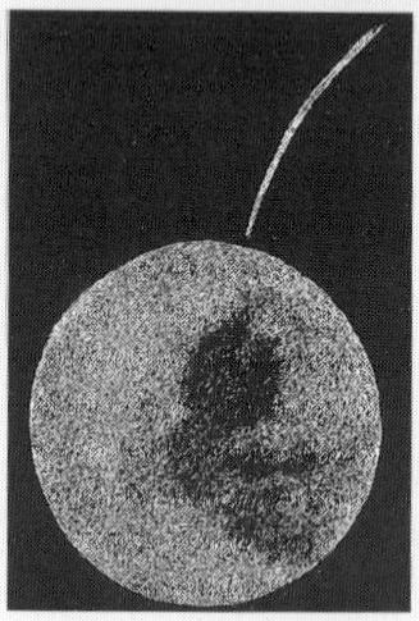

　丸針で力を入れず、いたずら書きのように自由ならせんを彫り重ねます。

▶荒彫り

2

脇葉脈の各面を離し、L字内側を平行な線で面彫りして、中心に向かい薄くなるように気をつけます。〔丸針〕

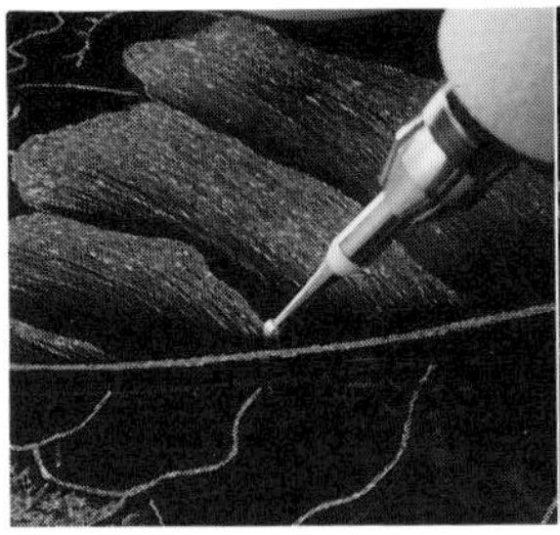

3

葉の縁回りをらせん彫りで1周し、その上を脇葉脈と同じ流れで細かく面彫りします。
中央面は階段線や垂直線を加えます。〔丸針〕

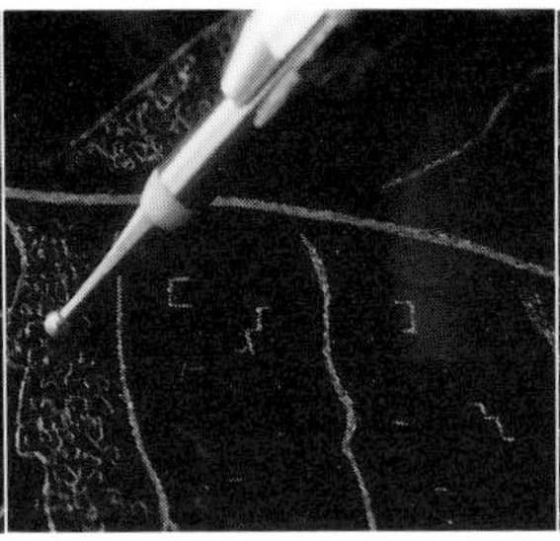

▶仕上げ彫り・立体感を出す

4

全体の光のバランスをみて、足りないところにハイライトを彫り加え、仕上げます。〔剣先針〕

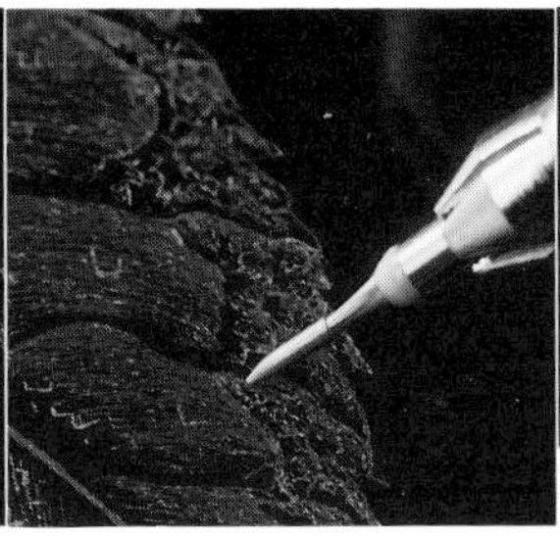

5

中心葉脈を葉先に向かい細かく彫り進み、交差線で立体感を加えます。〔丸針〕
(45ページのPoint参照)

▶荒彫り

2

底から茎のつけ根に向かい、立体感を出すように左右対称の曲線で内側を彫ります。〔丸針〕

3

へたの周りは凹みを表わすので離し、薄い線で囲まれる形になります。また茎の根元は楕円で整えてください。〔剣先針〕

4

実の凹みをより表現するために茎の手前に面彫りを加え、茎は交差線を交えて彫り延ばします。〔丸針〕

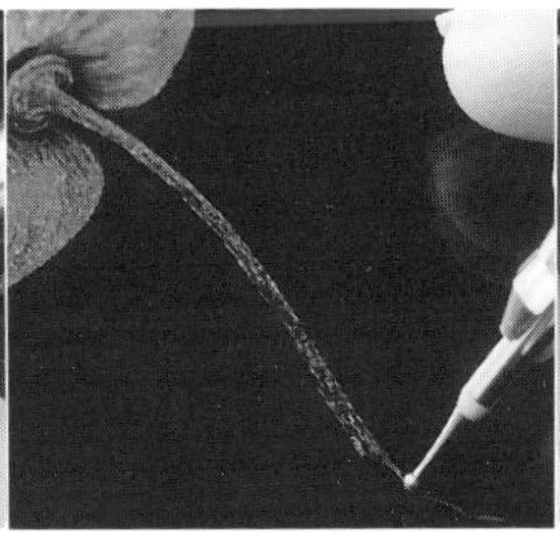

▶立体感を出す・仕上げ彫り

5

実全体の凸部分に横広がりにハイライトを入れ、針で全体をなでて滑らかに仕上げます。〔丸針〕

3

彫りやすい姿勢でガラスを動かしながら、何度も彫り重ねます。〔丸針〕

▶立体感を出す

4

全体面が彫り終わりましたら、球を表現するために外周より少し内側に、ハイライトを彫り足します。〔丸針〕

5

底の点の周りも、ハイライトを一周彫り足します。〔丸針〕

▶仕上げ彫り

6

全体を針で優しくなでて滑らかにし、ハイライトが適当に入っていることを確認しながら仕上げます。〔丸針〕

My Engraving

彫る III

ドレープ

ドレープにある中心になる凸面に向かい濃淡でグラデーションを入れ、流れを表現します。まずクミ針で表面をドレープの流れに従いなでます。次につなぎ部分は薄く、交差する線を作らないように軽く彫りを重ね、強い線が出ないように力の調整を量ってください。

▼凸面が中心

両サイドから中心の凸面に向かって薄く彫る〔丸針、グミ針〕

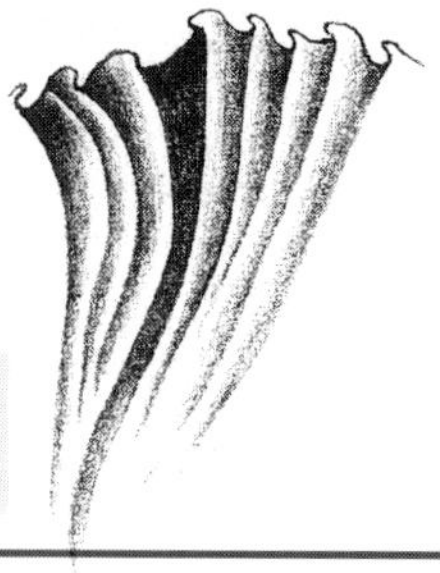

▼凸面が端

凸面に向かって薄く彫る〔丸針、グミ針〕

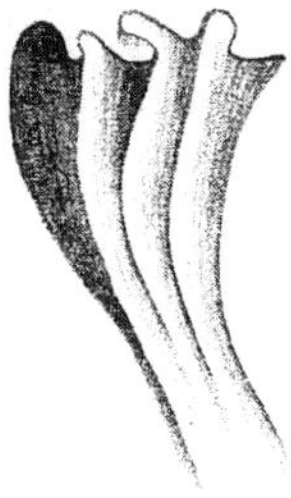

▼凹凸の繰り返し

両サイドの接点を離す〔丸針、グミ針〕

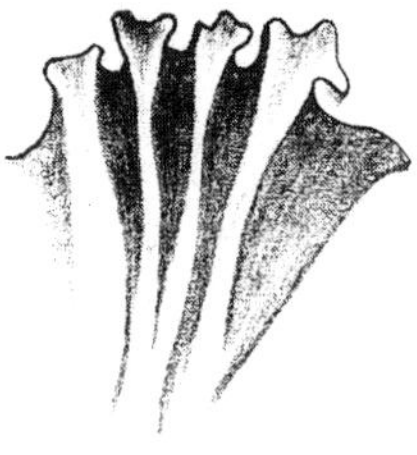

●使用針●
丸針、剣先針、グミ針

いちごの葉

●使用針●
丸 針、剣先針、グミ針

▶輪郭線を彫る

1 図案の線より少し内側を彫ります。〔丸針〕

▶荒彫り

2 中心葉脈は葉のつけ根を太く、葉先に向かい少しずつ細くなるように彫ります。〔剣先針〕　葉の面はグミ針で葉脈に平行になで、その上を丸針で内面より外側へ薄くなるように彫ります。〔丸針、グミ針〕

▶仕上げ彫り・立体感を出す

3 葉脈と重ならないように、不規則な垂直線や階段線で葉筋を入れ、ひび割れのように彫ります。〔剣先針〕

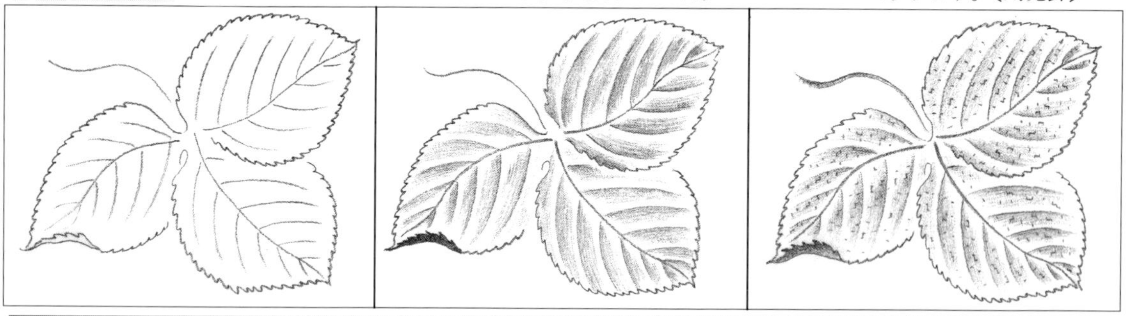

いちごの実

●使用針●
丸針、剣先針

▶輪郭線を彫る

1 破線で彫ります。種は逆涙形になるように彫り、隣り合った粒同士の位置はずらします。〔丸針、剣先針〕

▶荒彫り

2 ガクは明暗をつけ、茎に交差線を加えます。種は白く彫り潰します。〔剣先針〕

3 種の周りは細かい線で逆U字形に彫ります。〔丸針〕

▶仕上げ彫り・立体感を出す

4 全体のバランスを考えて実の中心を濃く、外側に彫り進むに従って薄く彫ります。実の先端はなでる程度の彫りで表現します。〔丸針〕

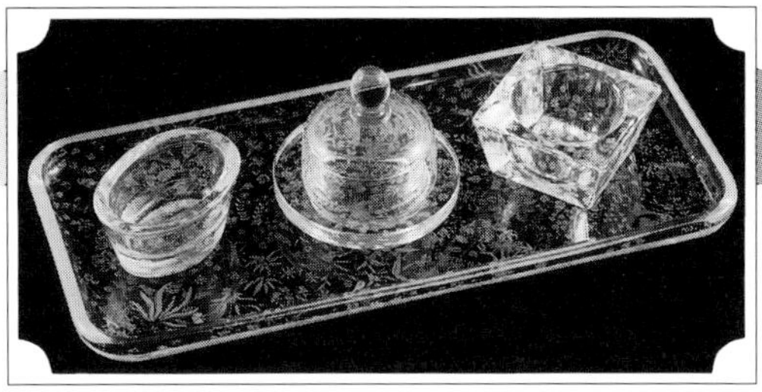

34cm×15cm×1cm

小花のスコーンセット

カラー口絵2ページ

愛らしい数種の小花を器にバランスよく配置したプレートは季節を問わずいつでも使えます。小花は輪郭線を彫ってから、その中を埋めることで表現できます。

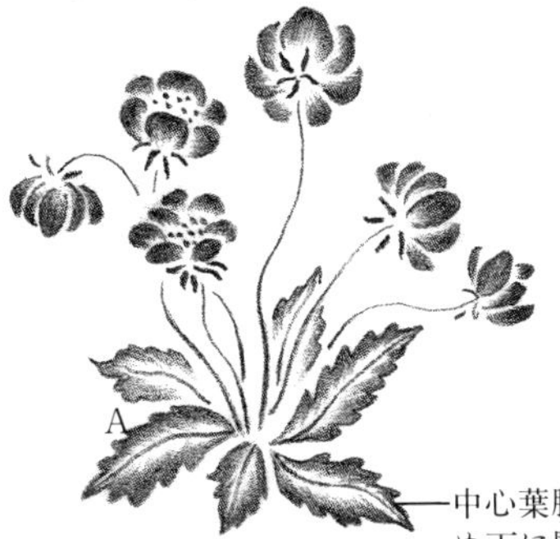

A

中心葉脈を彫り、外側より斜め下に彫り下げる〔剣先針〕

茎は一気に彫らず丸針でゆっくり彫り、根元は剣先針で太く彫ります。

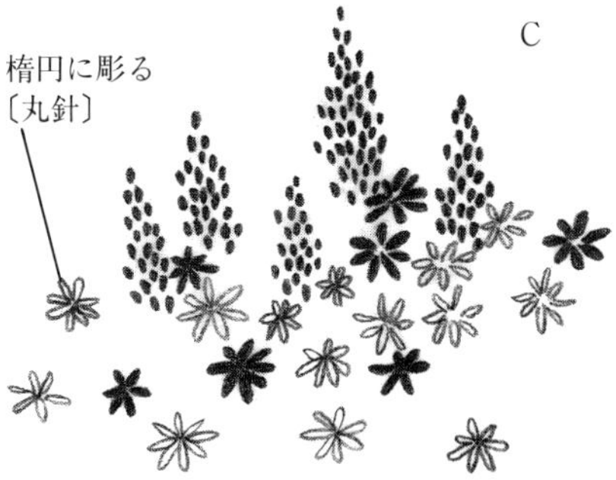

C

楕円に彫る〔丸針〕

茎の根元は一点に集めず、遠近感を出します。

B

楕円で5～6枚の花びらを彫り、その中心に円を入れる〔丸針〕

葉はバラの彫り方(36ページ)を参考に彫る〔剣先針〕

米粒状の点を不規則に剣先針で彫り、全体的に涙形に揃え、丸針で楕円に彫ります。

POINT

隙き間を埋める

・小さなスペースができたときは、こんな花を加えてみてください。
葉は中心葉脈を彫らない。
〔剣先針〕

D　花は輪郭線を彫り、中心より外側に向かい薄く彫ります。〔丸針〕
E　外側より中心に向かい面彫りします。〔丸針〕
F　花は十文字に彫り残しができるように4枚の花びらを放射状に彫り、その上から各花びらに5～7本の線を長めの放射状に彫ります。

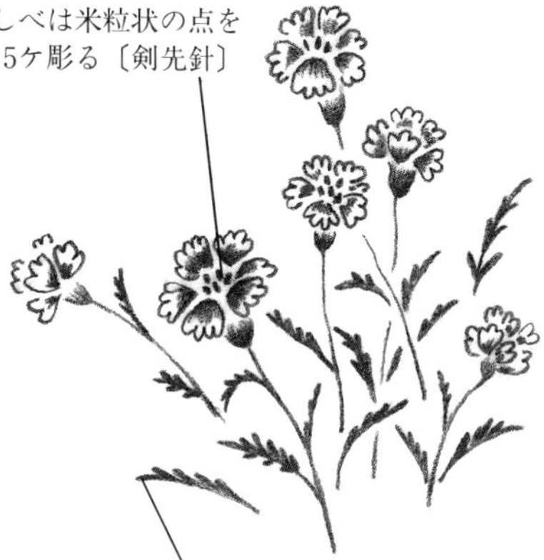

D

おしべは米粒状の点を3～5ケ彫る〔剣先針〕

葉は中心に1本の線を入れ、両側に膨らみをもたせるように彫る〔剣先針〕

使用針	
丸　針	花　葉
剣先針	花、葉の細部

図案 すべて原寸

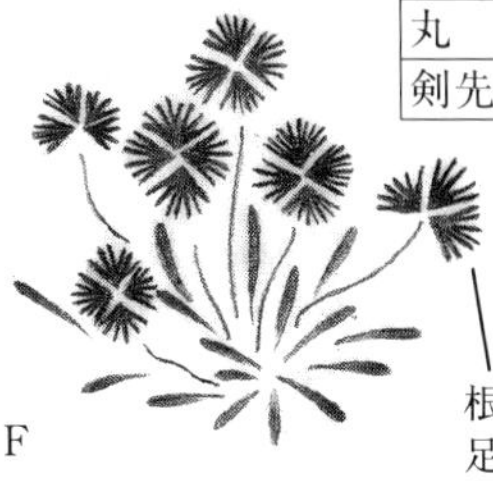

F

根元は少し彫り足す〔剣先針〕

E

ガクは先端をシャープに彫る〔剣先針〕

葉先より根元に向かい薄く彫る〔剣先針〕

花柄のティーセット

カラー口絵2ページ

可愛い花柄のティーセットで、楽しい午後のひとときを過ごしてみるのも素敵です。

ティーポット　16cm×7cm×6.5cm
ポットトレイ　直径22cm

花びらの重なりを離し、1枚ずつ外側から中心に向かい薄くなるようにグラデーションを入れます。〔丸針〕

図案 すべて原寸

接点はすべて離す

おしべは中心からだけでなく、途中からも放射状に入れる〔丸針〕

POINT

輪郭線について
・細かい図案なので、できるだけ、簡略化して写し取ります。図案を見ながら彫り進めましょう。

使用針	
丸　針	輪郭線　花
剣先針	つぼみ、葉の細かい部分　葉
点刻ペン	おしべ

茎は目立たないように細く彫る

シュガー　8cm×9cm
クリーマ　6cm×8cm
ティーカップ　14cm×6.5cm
アンダーソーサー　直径23cm×2cm

薄いらせん彫りをしてから、中心部だけに点刻を入れて立体感を出す。〔丸針・点刻ペン〕

カラーのケーキタワー

カラー口絵3ページ

ツインタワーは華やいだ器です。
一つあるだけでテーブルが豪華になります。

大　直径30cm×11cm
小　直径22cm×８cm

反り返りの中心にも光を表現します。

POINT

彫る手順
1輪郭線
2花芯
3花びら
4茎と花の境
5ハイライト

図案 すべて原寸

使用針	
丸　針	輪郭線　花
剣先針	花芯　花先
点刻ペン	花芯の先

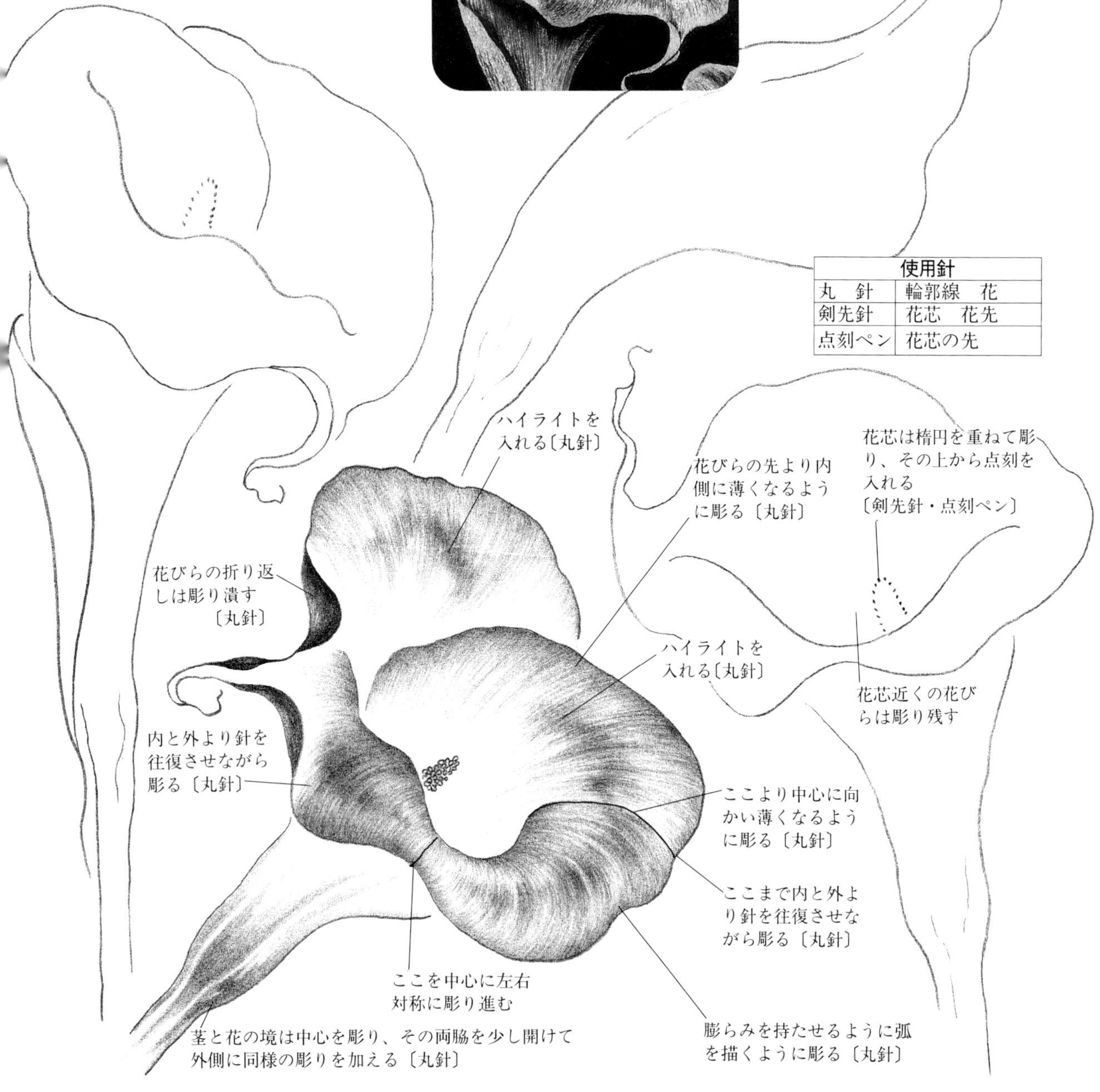

ハイライトを入れる〔丸針〕
花びらの先より内側に薄くなるように彫る〔丸針〕
花芯は楕円を重ねて彫り、その上から点刻を入れる〔剣先針・点刻ペン〕
花びらの折り返しは彫り潰す〔丸針〕
ハイライトを入れる〔丸針〕
花芯近くの花びらは彫り残す
内と外より針を往復させながら彫る〔丸針〕
ここより中心に向かい薄くなるように彫る〔丸針〕
ここまで内と外より針を往復させながら彫る〔丸針〕
ここを中心に左右対称に彫り進む
茎と花の境は中心を彫り、その両脇を少し開けて外側に同様の彫りを加える〔丸針〕
膨らみを持たせるように弧を描くように彫る〔丸針〕

天使の鏡

カラー口絵4ページ

鏡は普通のガラスよりもくっきりと白く彫ります。彫り面が二重に映りますので、視点を一点に定めて気をつけて輪郭線を彫りましょう。

POINT

天使の彫り方
・鏡の場合は特に濃く彫り、らせん彫りや線彫りを繰り返し彫り重ねます。〔丸針〕

リボンのカラフェ(34ページ)を参考に彫る
目とまゆ毛は彫り残すので、輪郭線を大きめに彫り、少しずつ小さく形を整える〔剣先針〕
人差し指を彫ってから他の指を揃えるように彫る〔剣先針〕
頬はふっくらと彫り、幼さを出す〔丸針〕
体の接点はすべて離す
弧を描くように彫り、立体感を出す〔丸針〕

まつ毛の彫り残しに気をつけましょう。バラは彫り潰します。

使用針	
丸　針	輪郭線　人物　花 葉の面
剣先針	指やつめなどの細部 羽　葉先

羽1枚ずつは羽先より内側に薄く彫る〔丸針〕
親指を彫ってから他の指を揃えるように彫る〔剣先針〕

髪は丸針で1本ずつ彫り、後からハイライトを彫り加えます。

単純な花と葉の重なりです。濃くきりっと彫りましょう。

図案 すべて原寸

50cm×71cm

外側より中心に向かって薄くなるように彫る〔丸針〕
花びらの重なりは離す
全体を整える〔剣先針〕
折り返しは離す

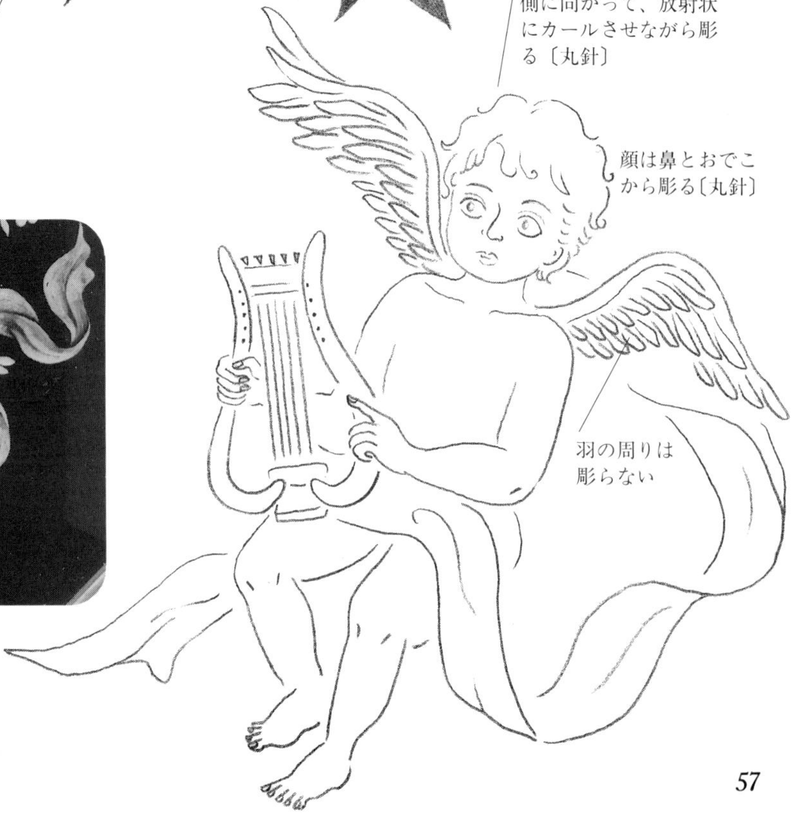

つむじから1本ずつ外側に向かって、放射状にカールさせながら彫る〔丸針〕
顔は鼻とおでこから彫る〔丸針〕
羽の周りは彫らない

目の二重を残すことを忘れずに白眼を彫り加えます。

花束を持つ女性

カラー口絵7ページ

人物を正面から描くのはとても難しいです。下絵を写すときは鼻と眉を中心に十字を印してからバランスに気をつけ、眉や目は左右同じ高さに、鼻から口は直線でつながるように写し取っていきます。

34cm×15cm

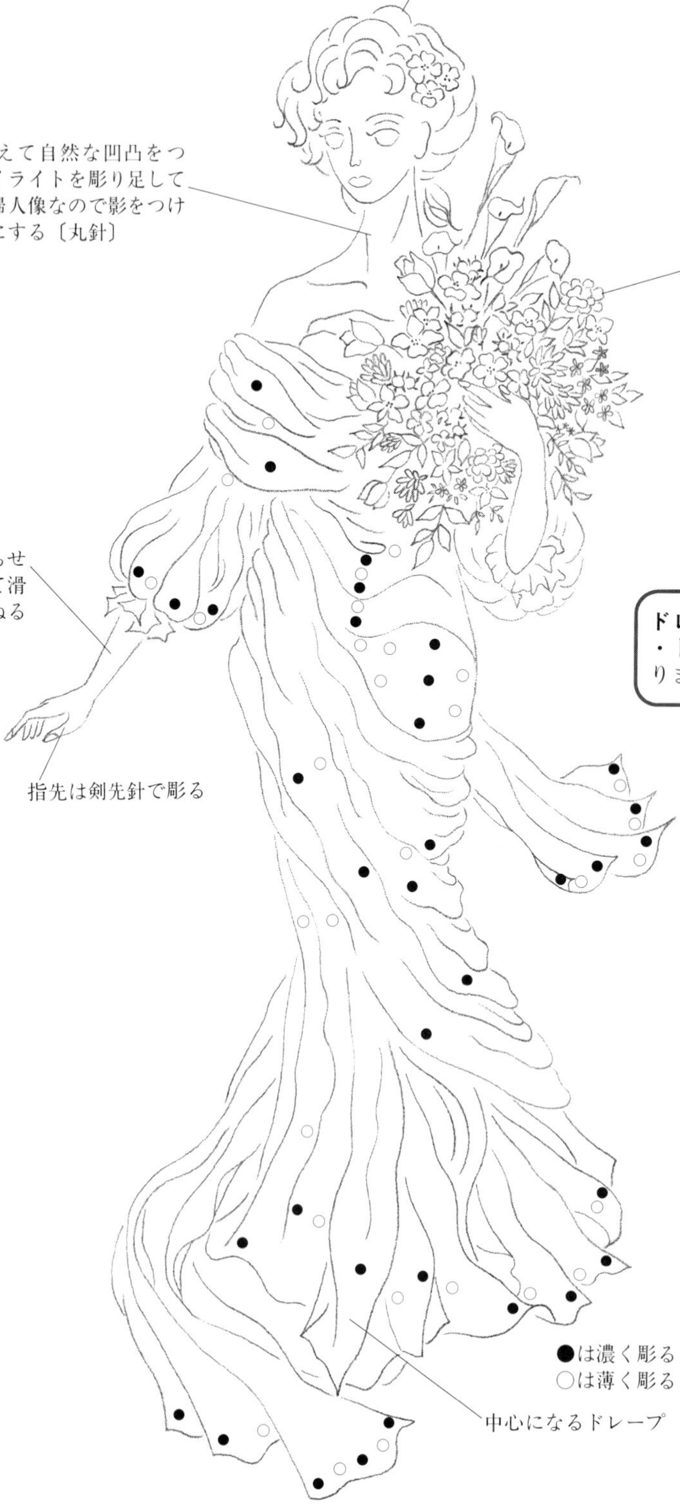
1本ずつ平行にひと固まりを作って、それぞれの流れに分けて彫り、全体をつないでからハイライトを彫り足す〔丸針〕
首は骨格を考えて自然な凹凸をつけ、最後にハイライトを彫り足していくが、若い婦人像なので影をつけ過ぎないようにする〔丸針〕
花は全体を剣先針で彫る
手は線彫りとらせん彫りを使って滑らかに彫り重ねる〔丸針〕
指先は剣先針で彫る
●は濃く彫る
○は薄く彫る
中心になるドレープ

使用針	
丸　針	輪郭線　顔
剣先針	目　眉　鼻　つめ　花
グミ針	ドレープ

POINT

ドレープを彫る

・ドレープ(52ページ)を参考に彫りましょう。

目、鼻、眉などを大きめに彫り残し、少しずつ調整して正確な大きさに仕上げる〔剣先針〕

図案　原寸

ドレープはグミ針で布の流れ通りになでてから丸針で彫りましょう。針が引っ掛かるようならグミ針と丸針を交互に使用し、滑らかに彫るように心掛けます。左足太ももの立体感を加えます。

イニシャルの香水瓶

カラー口絵5ページ

はっきりと描かれたイニシャルの周囲に曲線の美しい唐草模様をバランスよく配置しました。

使用針	
丸　針	輪郭線　Tの面彫り
剣先針	唐草模様

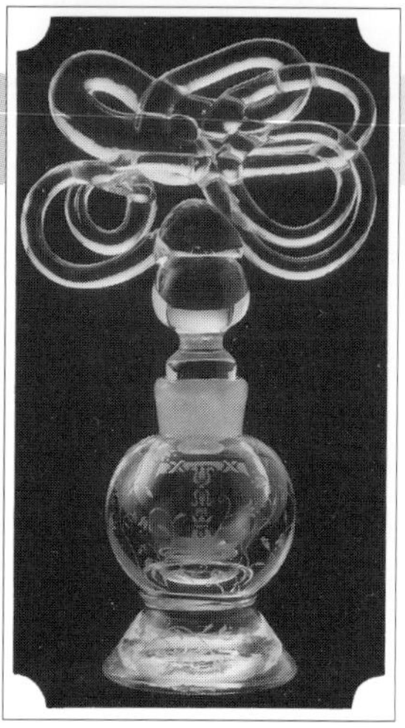

13cm×10cm

POINT

彫る手順

1‘T’
2飾りのモチーフ
3唐草模様

POINT

図案の写し方

・唐草模様は左右のバランスをみながら、油性ガラスペンで描きます。

花びら、つぼみ、ガクの先端はシャープに、重なり部分は薄く彫る〔剣先針〕

先端をシャープに彫る〔剣先針〕

飾りのモチーフは ‘T’ の上にかぶさるように彫る〔剣先針〕

丸く、くっきりと濃く彫る〔剣先針〕

茎は根元にいくにつれ、少しずつ太くする〔剣先針〕

茎の交差する部分は離す

カーブはできるだけ、滑らかに彫る〔丸針〕

ガラスの表裏に彫りますので、花や葉の前後の重なりを感じるようにします。花びら内側はグミ針で擦り、後に丸針で彫り足しましょう。

Tの飾りから彫り残りの面彫りへと進みます。

葉脈は葉先に向かい細く彫ります〔剣先針〕

図案　原寸

30.5cm×19cm

時計草のコンポート

カラー口絵10ページ

本当の時計のような形の不思議な時計草、コンポート全体に描ければもっと不思議。

つぼみは中心の花びらを彫り、その外側の花びらは中心の花びらに向かい薄く彫ります。〔丸針〕

図案　原寸

使用針	
丸　針	輪郭線　花びら　葉
剣先針	花芯　つる　花の裏側
グミ針	花びら

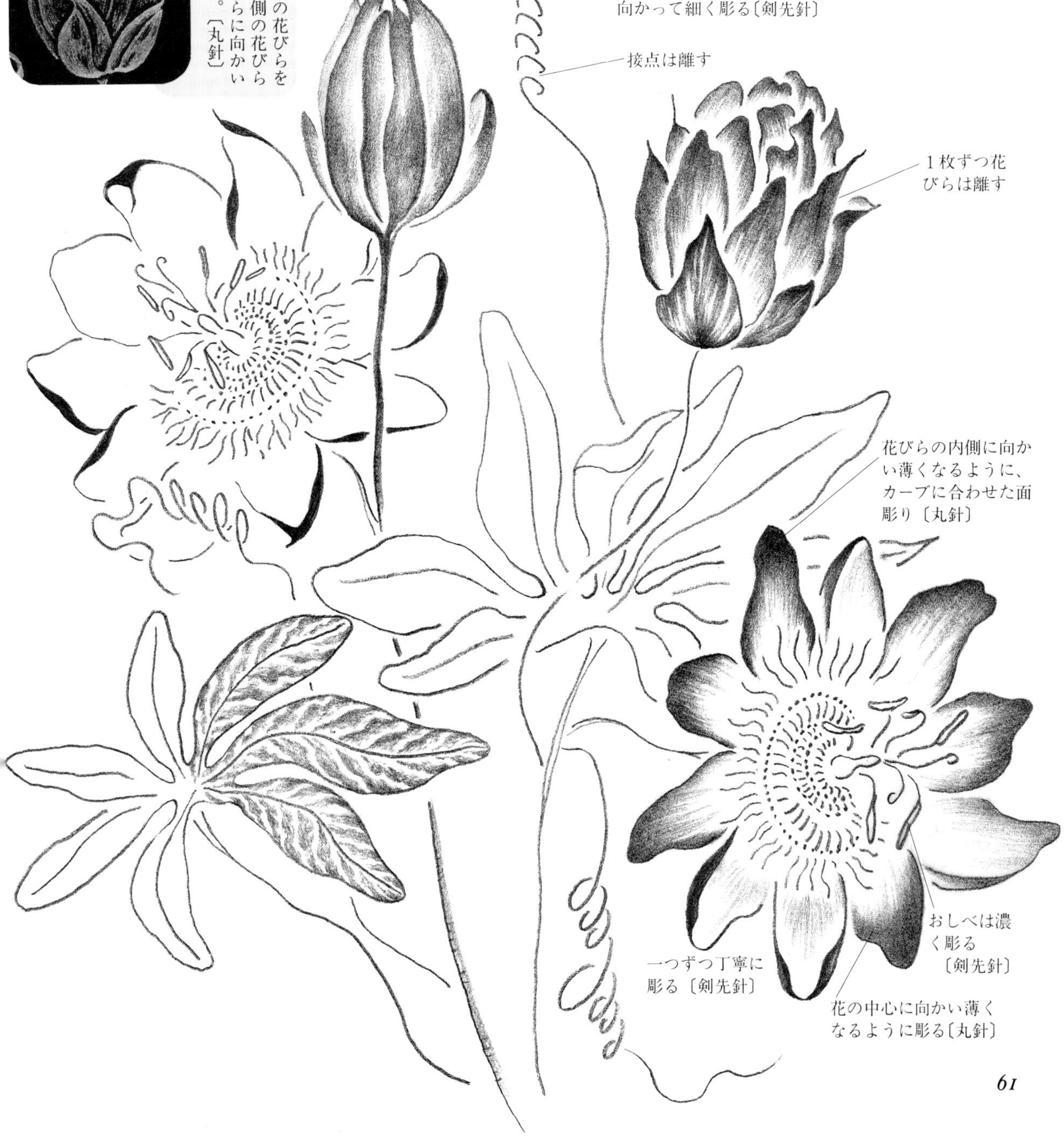
つるは同じ線を約5cmぐらいの往復で少しずつ先端に向かって細く彫る〔剣先針〕
接点は離す
1枚ずつ花びらは離す
花びらの内側に向かい薄くなるように、カーブに合わせた面彫り〔丸針〕
おしべは濃く彫る〔剣先針〕
一つずつ丁寧に彫る〔剣先針〕
花の中心に向かい薄くなるように彫る〔丸針〕

被《き》せガラスの花瓶

カラー口絵11ページ

被せガラスは少しでも針が飛び出してしまうと目立ちますので、ゆっくりと丁寧に彫っていきましょう。

使用針	
剣先針	細部
丸　針	中央線　彫り潰し

16cm×7cm

図案　原寸

急がず時間をかけて、中心から外側へ左右対称に正確に彫り広げる。

POINT

クラシックパターンの図案の写し方

・図案の写し方の立体的なガラスIIの1〜3(44ページ)を参考にし、その上よりそれぞれの曲線の中心にボールペンで1本線を入れます。

・図案を取り除いてからは、元の図案をみながらそれぞれの膨らみを油性ガラスペンで入れていきます。

彫り方

・中心線を丸針で入れ、図案に合わせて少しずつ彫り広げます。

風景のロックグラス

カラー口絵11ページ

被せガラスは彫り潰しパターンが似合うガラス器です。彫ったところと彫らないところが鮮明に分かれるので、彫る楽しみが味わえます。

8cm×10cm

細かい部分は図案中央から外側に向かって彫り、剣先針で全体を整え濃く彫り過ぎずに手彫りの感覚を出すためにむらを残し、アンティークな雰囲気を出します。

木の葉の部分はわざと彫り残して、細かさを出す

使用針	
丸　針	輪郭線　全体
剣先針	全体の細部

POINT

・被せガラスを彫り潰すときは、広い部分を彫り進め、らせんや直線を混ぜて真っ白く彫ります。〔丸針〕

図案　原寸

百合のキャンドルスタンド

カラー口絵12ページ

マリア様に捧げた百合は、心ひかれる花です。キャンドルスタンドいっぱいに花を散らし、華やかさを演出してみました。

図案　すべて原寸

花びらの内側中心は凹部にあたるので彫り残し、外側の中心は白く彫る〔丸針〕
葉は彫り残す葉脈にほぼ平行に彫る〔丸針〕

花芯は彫り潰す〔剣先針〕
外側
内側

花びらの反りは花の流れに従い、緩やかな曲線をつけて彫ります。〔丸針〕

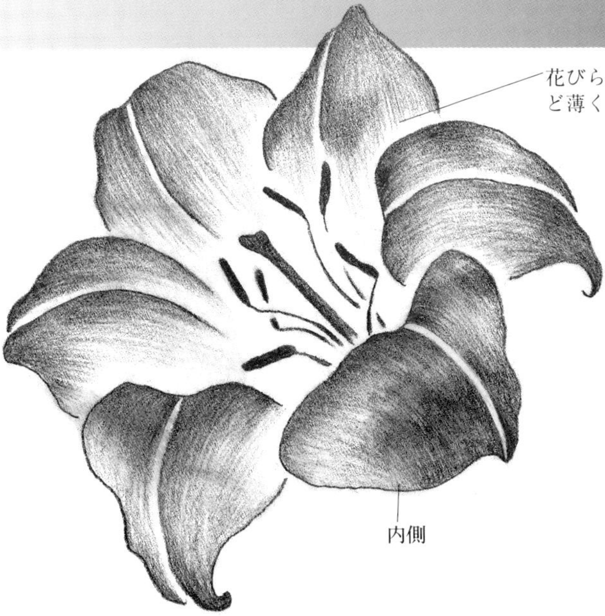

花びらは中にいくほど薄く彫る〔丸針〕

内側

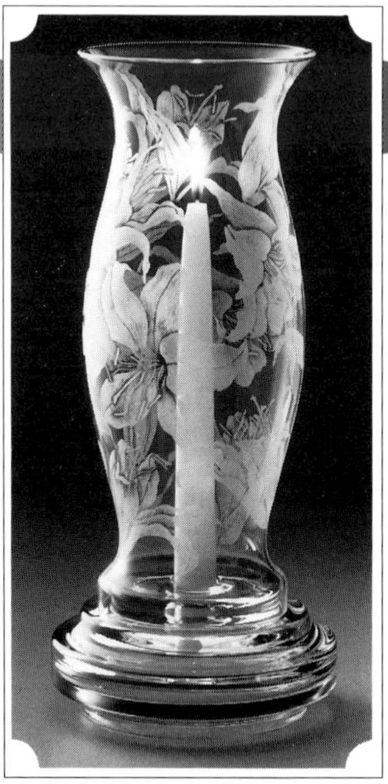

15cm×40cm

一筋白く彫る〔丸針〕

使用針	
丸　針	輪郭線　花びら　葉
剣先針	花芯

中心を彫り、両側を平行に彫り揃える〔丸針〕

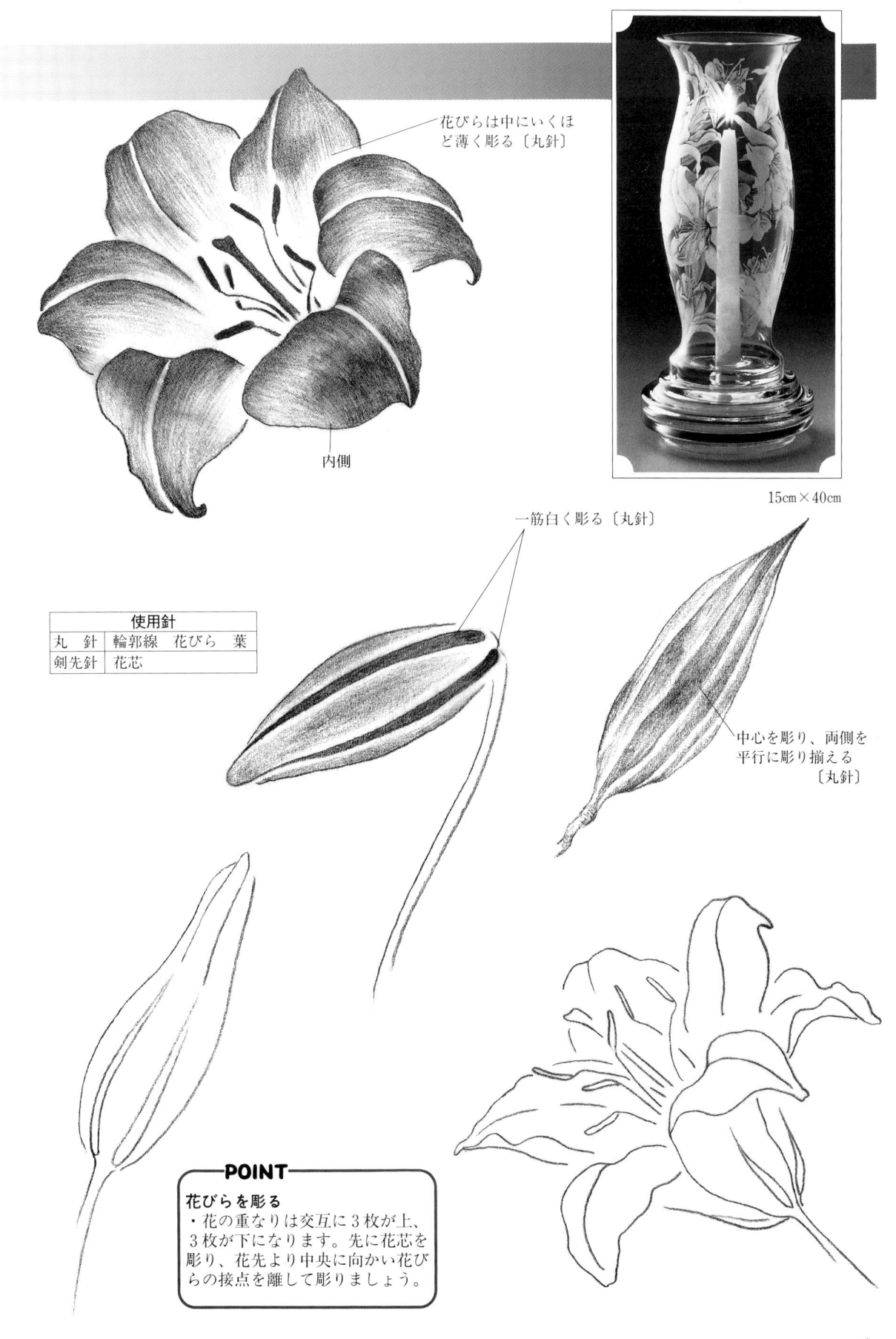

POINT

花びらを彫る

・花の重なりは交互に３枚が上、３枚が下になります。先に花芯を彫り、花先より中央に向かい花びらの接点を離して彫りましょう。

シクラメンのディナーⅢ

カラー口絵12ページ

炎のような花びらをお皿一面に散りばめました。

直径30cm

図案　原寸

花の先端は少し濃く彫り、形を整える〔剣先針〕
茎は少しずつ延ばしながら、筋が残るように彫り進む〔丸針〕
花びらは1枚ずつ離す
接点は離す
葉の折り返しは濃く彫る〔丸針〕
中心葉脈と脇葉脈の間に細かい葉脈を入れる〔丸針〕
葉先を整える〔剣先針〕

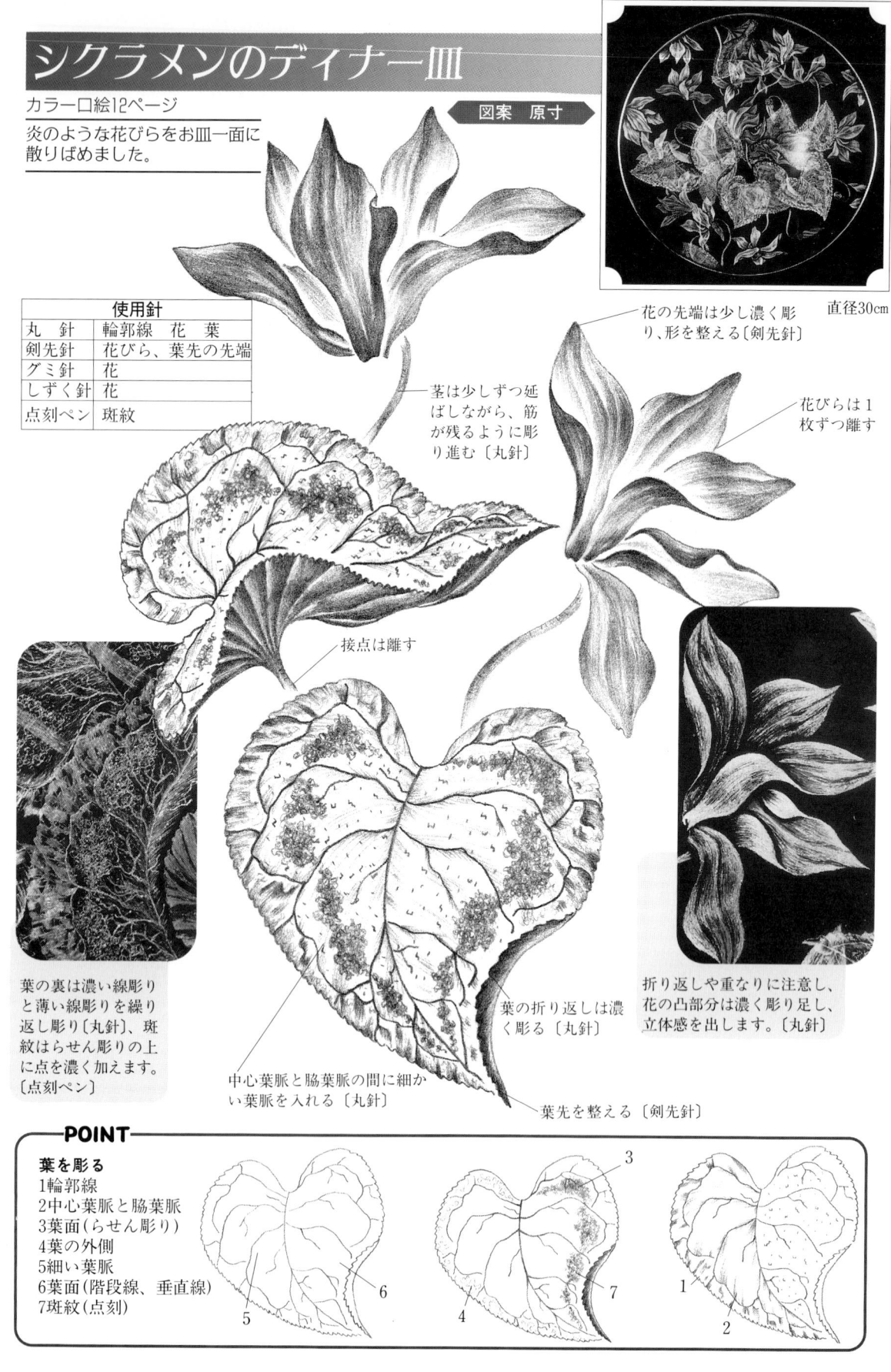

使用針	
丸　針	輪郭線　花　葉
剣先針	花びら、葉先の先端
グミ針	花
しずく針	花
点刻ペン	斑紋

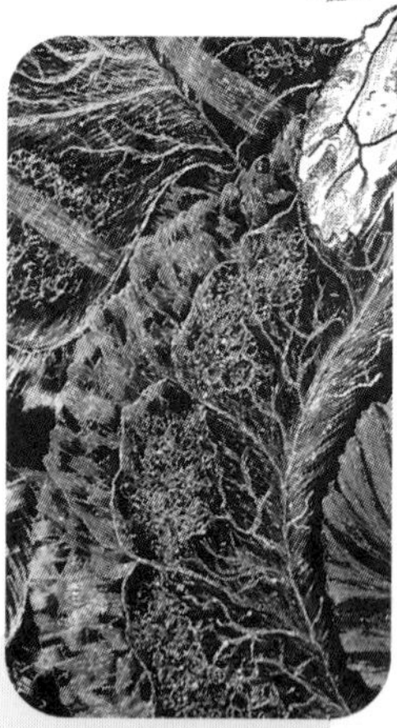

葉の裏は濃い線彫りと薄い線彫りを繰り返し彫り〔丸針〕、斑紋はらせん彫りの上に点を濃く加えます。〔点刻ペン〕

折り返しや重なりに注意し、花の凸部分は濃く彫り足し、立体感を出します。〔丸針〕

POINT

葉を彫る

1輪郭線
2中心葉脈と脇葉脈
3葉面(らせん彫り)
4葉の外側
5細い葉脈
6葉面(階段線、垂直線)
7斑紋(点刻)

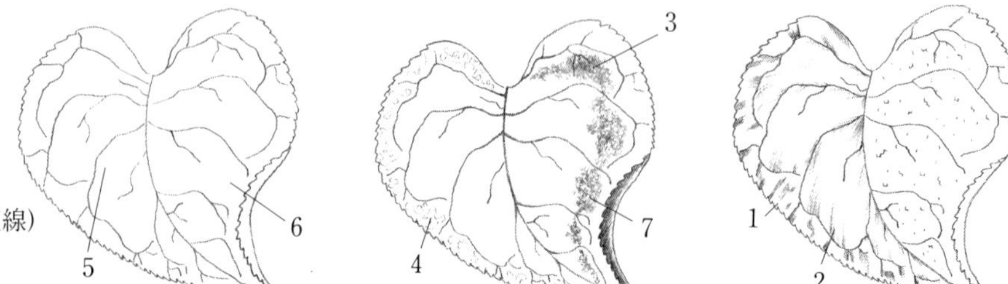
5
6
3
4
7
1
2

直径30cm

使用針	
丸　針	輪郭線　花　葉
剣先針	花芯
グミ針	花　葉

バラのディナーⅢ

カラー口絵13ページ

POINT

葉を彫る

・さくらんぼの葉(50ページ)を参考に彫りましょう。

基本の線彫りのバラの花と葉の応用です。よりソフトに、より洗練された作品です。

図案　原寸

中心葉脈は葉先に向かい細く彫る〔丸針·剣先針〕
脇葉脈はL字形に彫り、面彫りする〔丸針〕
細かい垂直線や階段線を入れる〔剣先針〕
葉の外側はらせん彫りと面彫りをする〔丸針〕
花びらは面の反りに合わせてグミ針でなでてから、丸針で線彫りする
花びらは外側より内側に向かって薄く彫る〔丸針〕

凸部分は流れに添って彫り重ね、ハイライトを入れます。〔丸針〕

花芯はドーナツ形に彫り、中心から外に向けて放射状に線を入れ、その先端におしべを涙形に彫ります。〔剣先針〕

ひまわりのディナーⅢ

カラー口絵12ページ

夏いっぱいの元気な器です。
ミニひまわりが、誇らしげに咲き乱れています。

使用針	
丸　針	輪郭線 花びら 葉 種 ガク 茎
剣先針	花びら、葉、種、ガク、茎の先端
グミ針	花びら
点刻ペン	花芯　種

直径30cm

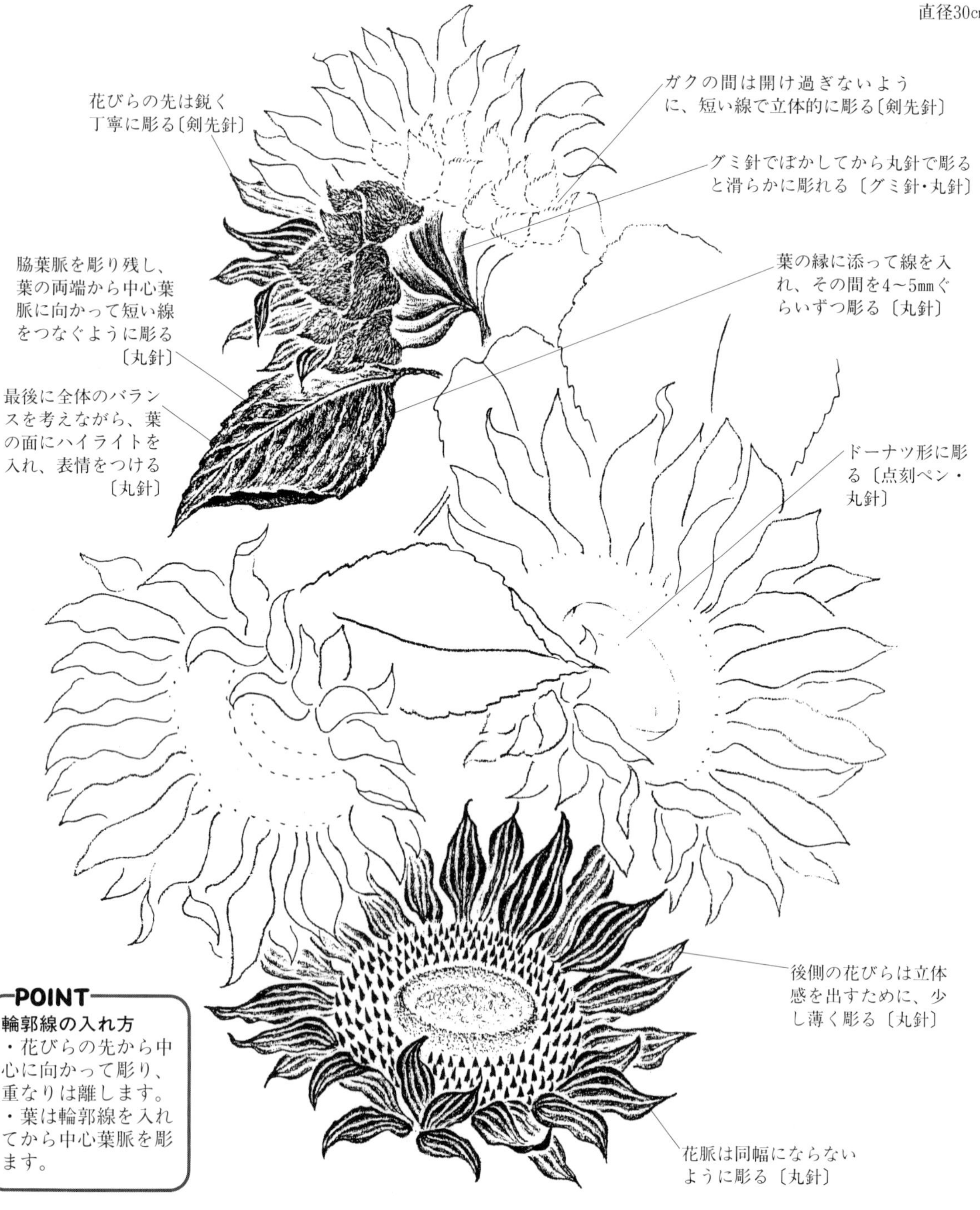
ガクの間は開け過ぎないように、短い線で立体的に彫る〔剣先針〕
花びらの先は鋭く丁寧に彫る〔剣先針〕
グミ針でぼかしてから丸針で彫ると滑らかに彫れる〔グミ針・丸針〕
葉の縁に添って線を入れ、その間を4〜5㎜ぐらいずつ彫る〔丸針〕
脇葉脈を彫り残し、葉の両端から中心葉脈に向かって短い線をつなぐように彫る〔丸針〕
最後に全体のバランスを考えながら、葉の面にハイライトを入れ、表情をつける〔丸針〕
ドーナツ形に彫る〔点刻ペン・丸針〕
後側の花びらは立体感を出すために、少し薄く彫る〔丸針〕
花脈は同幅にならないように彫る〔丸針〕

POINT

輪郭線の入れ方

・花びらの先から中心に向かって彫り、重なりは離します。

・葉は輪郭線を入れてから中心葉脈を彫ります。

図案　原寸

茎の中心は濃く彫り、その両脇から中心に向かって薄く彫ります。〔丸針〕

外側の種は先をとがらせて彫り、内側の種はらせんの上に点刻を重ねます。〔点刻ペン・丸針〕

蘭のディナーⅢ

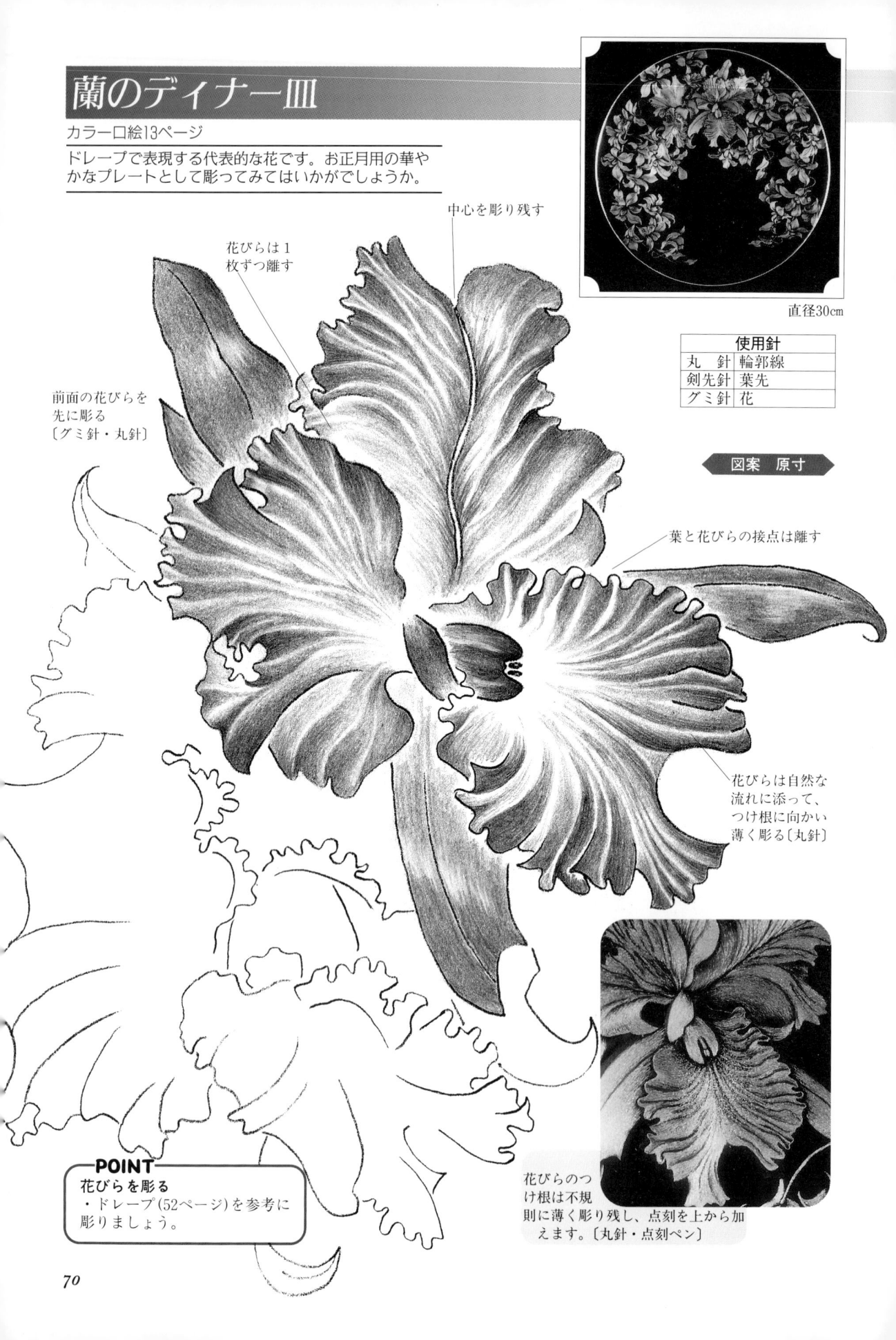

カラー口絵13ページ

ドレープで表現する代表的な花です。お正月用の華やかなプレートとして彫ってみてはいかがでしょうか。

直径30cm

使用針	
丸　針	輪郭線
剣先針	葉先
グミ針	花

図案　原寸

中心を彫り残す
花びらは1枚ずつ離す
前面の花びらを先に彫る〔グミ針・丸針〕
葉と花びらの接点は離す
花びらは自然な流れに添って、つけ根に向かい薄く彫る〔丸針〕

花びらのつけ根は不規則に薄く彫り残し、点刻を上から加えます。〔丸針・点刻ペン〕

POINT

花びらを彫る

・ドレープ（52ページ）を参考に彫りましょう。

ぶどうのカラフェ

カラー口絵13ページ

ぶどうは粒の向きが同一にならないように注意しながら彫り進みましょう。

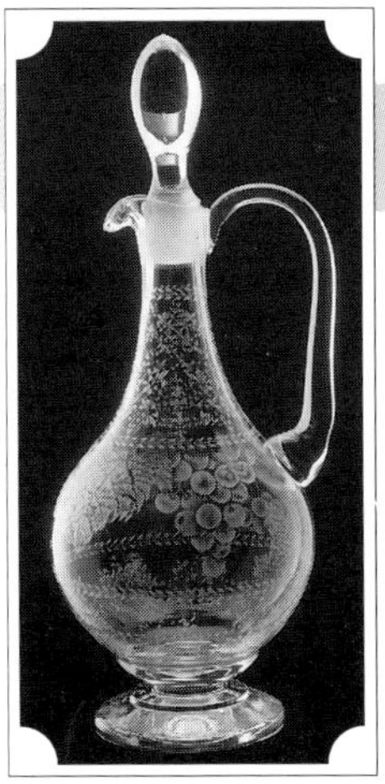

17cm×30cm

図案　原寸

使用針	
丸　針	輪郭線　実　葉
剣先針	葉
グミ針	実
点刻ペン	葉

POINT

彫り方

・葉はアイビーの葉(48ページ)、実はさくらんぼ(50ページ)を参考に応用して彫りましょう。

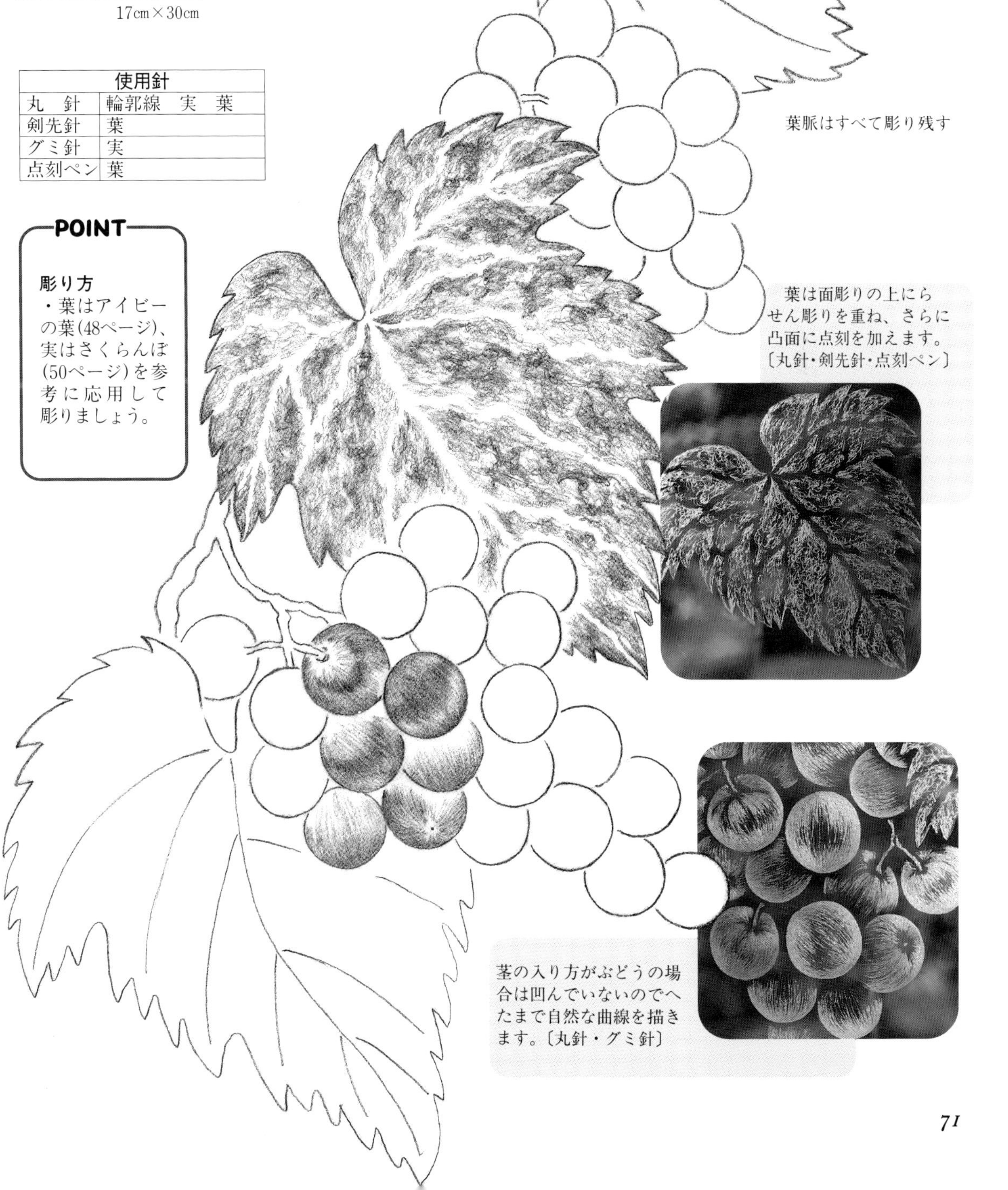

葉脈はすべて彫り残す

葉は面彫りの上にらせん彫りを重ね、さらに凸面に点刻を加えます。〔丸針・剣先針・点刻ペン〕

茎の入り方がぶどうの場合は凹んでいないのでへたまで自然な曲線を描きます。〔丸針・グミ針〕

ざくろの花瓶

カラー口絵14ページ

実の皮の厚さ、花のしわ感、野性と自然の楽しさを素朴に表現します。

使用針	
丸　針	輪郭線　花　葉
剣先針	花芯
グミ針	実の表面

20cm×30cm

紙のような薄さとしわ感が出るようにざくざくと粗く、細い波状で彫ります。〔丸針〕

中心葉脈を彫ってから、脇葉脈をグラデーションで表現し、最後にハイライトを入れる〔丸針〕
つぼみは堅い感じを出す〔丸針〕
中心を決めてそこから放射状に彫り、点の周りを丸く彫る。中心点の位置はそれぞれ変える〔丸針〕

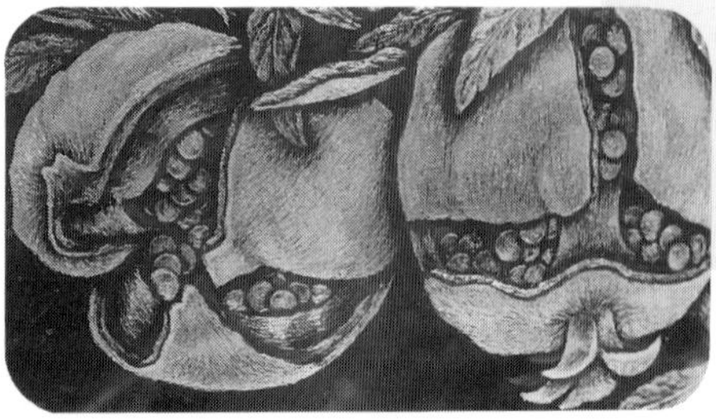

全体が球状になるように薄く彫り進み、その後に堅い凸凹感を濃淡で表現し、最後にハイライトを入れます。〔丸針〕

図案　原寸

12cm×23cm×16cm

ユニコーンのティーポット

カラー口絵19ページ

架空の動物を動物図鑑片手に想像を膨らませて挑戦してみました。
ユニコーンの優しさと幼さを表現しました。

使用針	
丸　針	輪郭線　ユニコーン
剣先針	クラシックパターン

絵柄の中心に針を入れ、少しずつ彫り広げる〔剣先針〕

POINT

・クラシックパターンの図案の写し方と彫り方は、62ページを参考に彫りましょう。

鼻筋はらせん彫りを重ねて彫り、立体感をつけます。〔丸針〕

角は1ブロックずつ分けて、上下を濃く彫る　〔剣先針〕

あごの下は離し、薄くらせん彫りを入れる〔丸針〕

輪郭線は薄く彫る〔丸針〕

図案　すべて原寸

縦と横、両方の線を入れる〔丸針〕

たてがみは細い線を平行に並べて束状に彫り、ハイライトを入れて立体感を出す　〔丸針〕

薄くらせん彫りを入れ、外側はその上に線彫りを重ねて濃くし、立体感を出す　〔丸針〕

特に薄くらせん彫りを入れる　〔丸針〕

Babyのクリスタルプレート

カラー口絵15ページ

美しいバラの花に囲まれ、スヤスヤと眠る可愛い赤ちゃんの姿を出産のお祝いに作ってみてはいかがでしょうか。

使用針	
点刻ペン	すべて

14cm×12cm×1cm

図案　すべて原寸

反り返りは数多く打ちます。

表面のバラ

POINT

・バラは点刻のバラ(36ページ)、ドレスの明暗はドレープ(52ページ)を参考に彫りましょう。

裏面のバラ

髪は打ち過ぎると白髪のようになるので気をつけて打つ
レースは最初に輪郭線(半円の連続)を打ってから、穴を開けるために輪郭線の半円に対称に半円を打ち、少しずつ穴を詰めていく
外側は濃く、内側にいくに従って薄く打つ
●は濃く打つ
○は薄く打つ
ドレスの凹み部分は少なく打つ
中心になるドレープ

生え際は濃く、毛先に向かい薄くなるように打ちます。

POINT

打つ順番

1 輪郭線
2 腕(中央のドレープから外側に打ち進む)
3 レース部分
4 顔(鼻、額からほお、あごに打ち進む)
5 ドレス(中央のドレープから外側に打ち進む)
6 髪(生え際から毛先に向かい打ち進む)

あじさいの変形Ⅲ

カラー口絵18ページ

手吹きガラスの器いっぱいにあじさいを咲かせてみました。表と裏の図案を少し重ねて、盛りだくさんな雰囲気を出しました。

使用針	
丸　針	輪郭線
剣先針	花芯　葉先

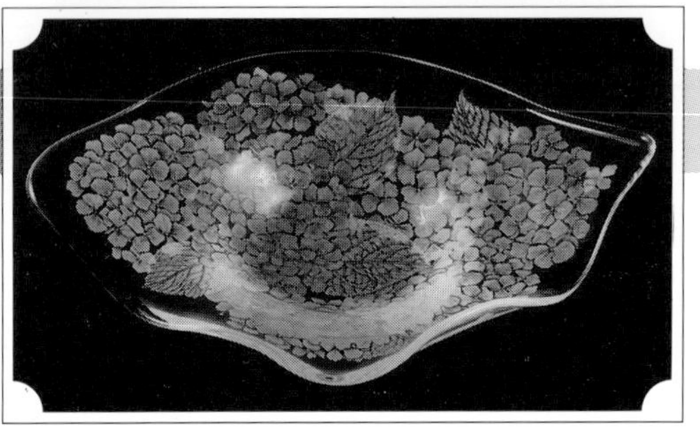

35cm×23cm×６cm

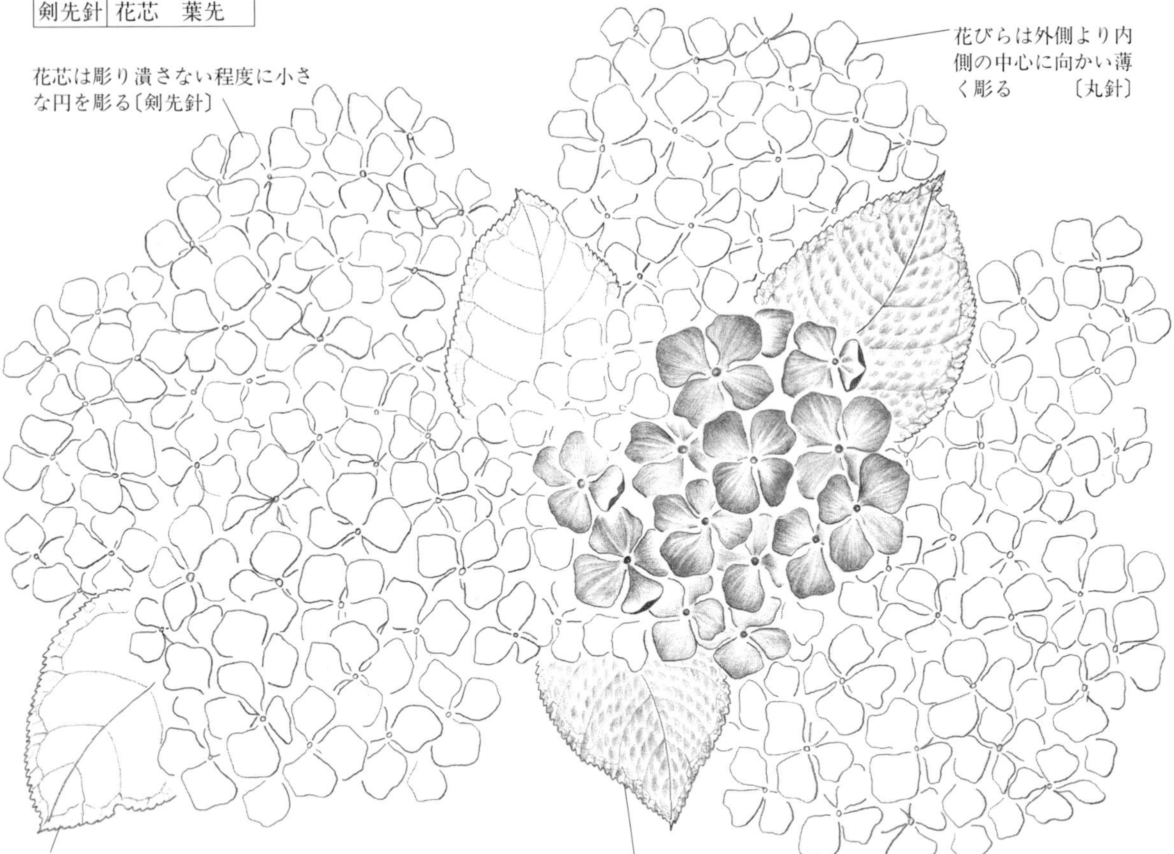

花芯は彫り潰さない程度に小さな円を彫る〔剣先針〕
花びらは外側より内側の中心に向かい薄く彫る　〔丸針〕
葉先方向へブロックに分けて面を彫る　〔丸針〕
葉の縁周りはらせんを彫り、外側より葉の中心に向かい面彫りする　〔丸針〕

外側より中心に向かい接点を離して彫ります。〔丸針〕

葉の全体を彫った後に、ひび割れ線を入れます。

図案　110%拡大で原寸

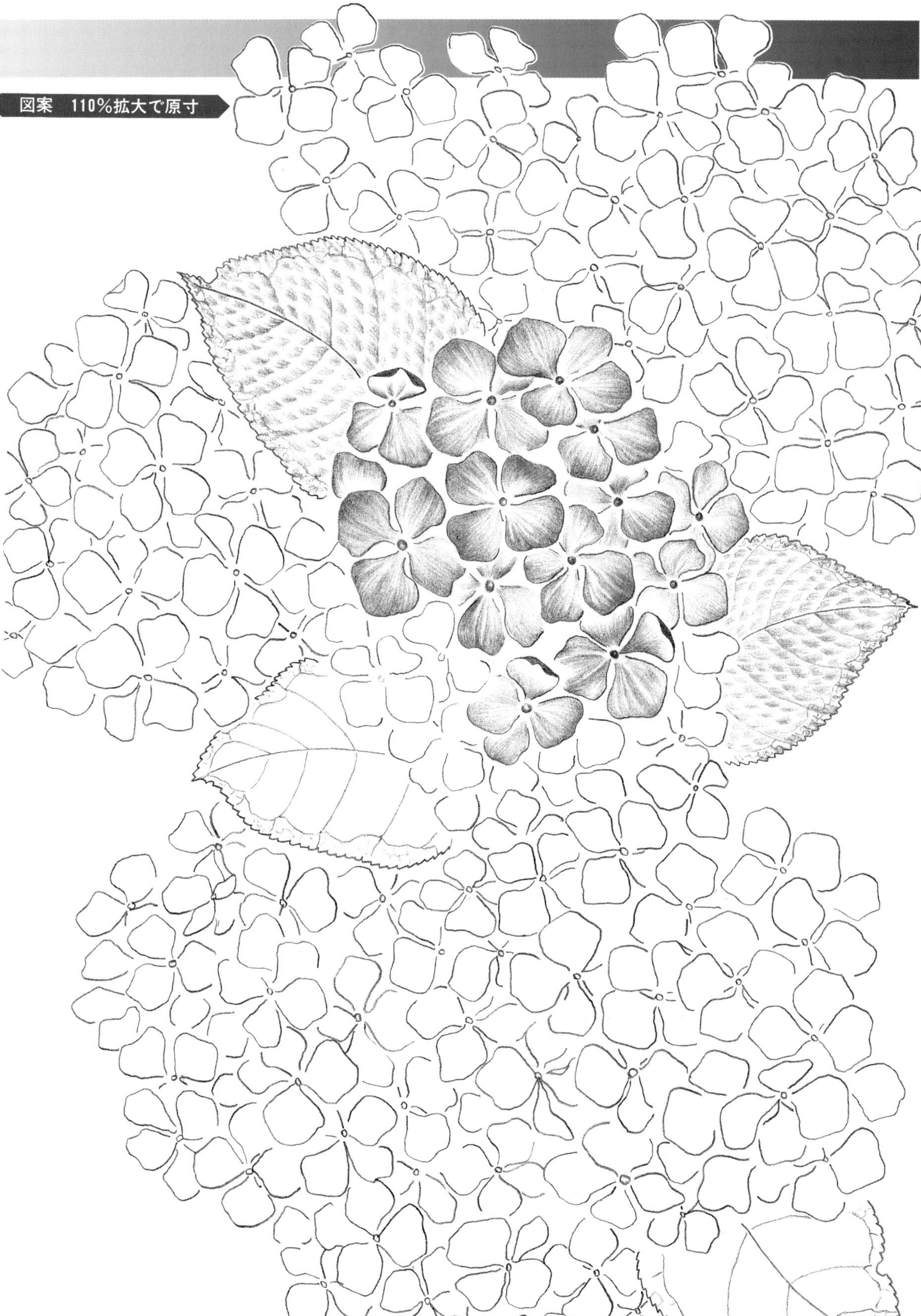

おだまきのオイルランプ

カラー口絵16ページ

茶花でとても地味な花です。八重花を全体にちりばめ、主役を演じてもらいました。
オイルランプを灯すと花びらの重なりが美しく浮き上がります。

13cm×38cm

1本1本彫り離す

花は中心に向かって線が交差しないように彫る　〔丸針〕

外側の花びらは中心線を残し、中心に向かって彫ります。〔丸針〕

花芯は小さい丸をたくさん彫る〔剣先針〕

POINT

花の彫る手順

1 輪郭線
2 花芯
3 中央の花びら
4 外側の花びら
5 ハイライト

全体のバランスを見て、花の曲面にハイライトを入れます。〔丸針〕

POINT

葉の彫る手順

1 輪郭線
2 中心葉脈
3 脇葉脈
4 面彫り
5 ハイライト

図案　原寸

使用針	
丸　針	花　葉
剣先針	花芯

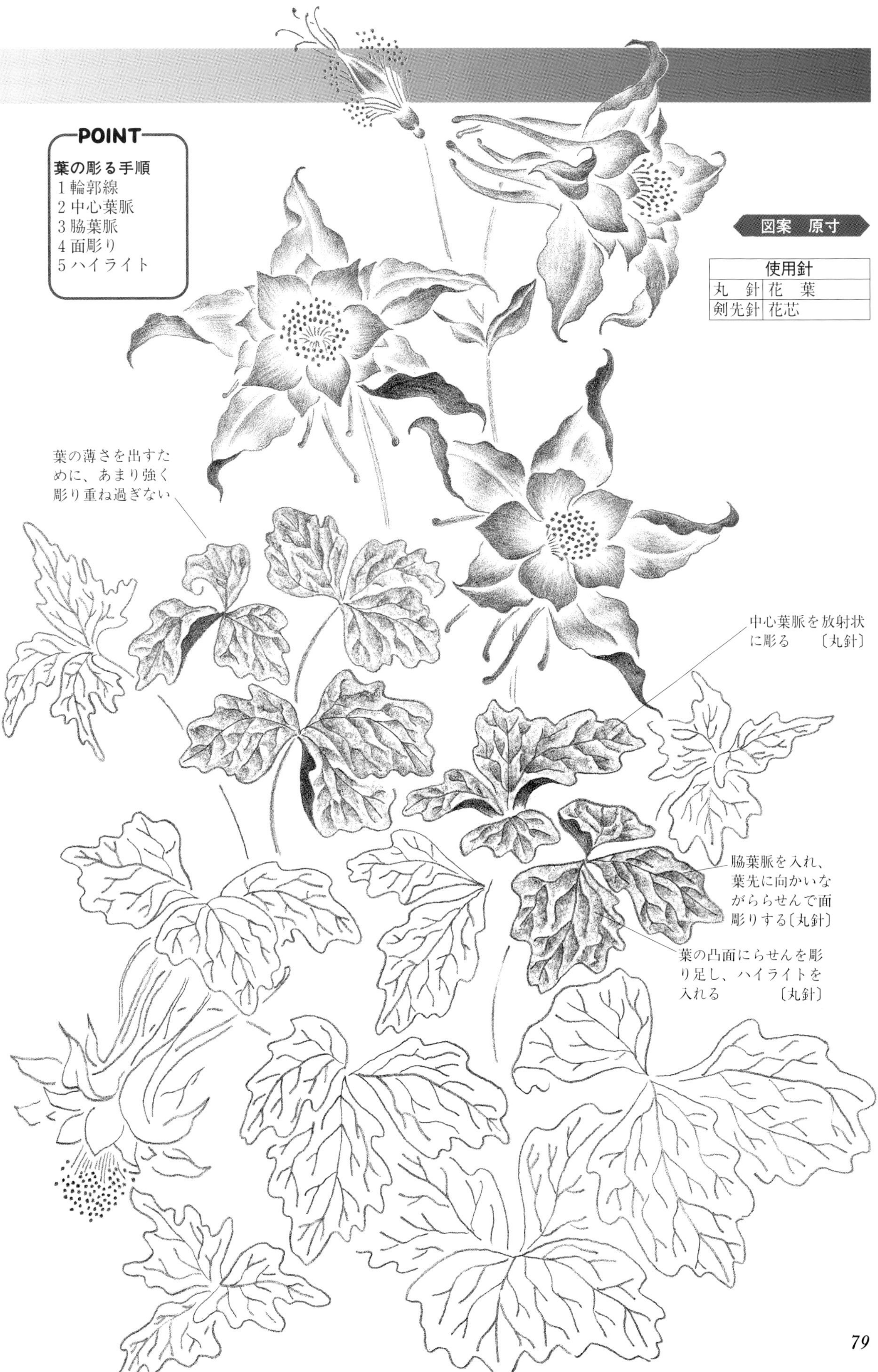
葉の薄さを出すために、あまり強く彫り重ね過ぎない
中心葉脈を放射状に彫る　〔丸針〕
脇葉脈を入れ、葉先に向かいながららせんで面彫りする〔丸針〕
葉の凸面にらせんを彫り足し、ハイライトを入れる　〔丸針〕

レース模様の丸皿

カラー口絵19ページ

レース模様を正確に彫るのは、グラスリッツエンの中でもむずかしい技法です。同じ形やカーブの繰り返しは、常にガラスを動かしながら丁寧に彫ります。

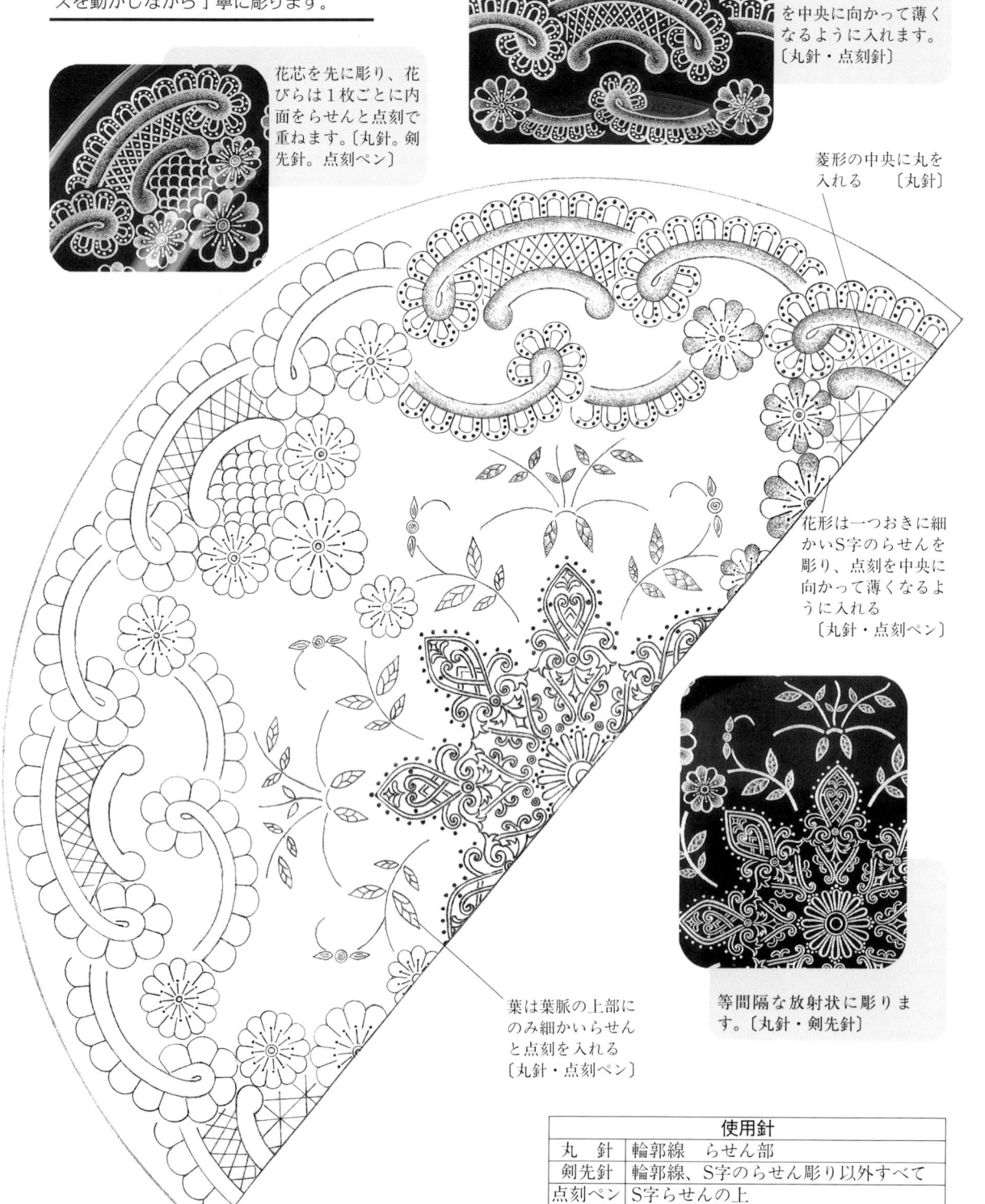

半円部分は細かいS字のらせんを彫り、点刻を中央に向かって薄くなるように入れます。〔丸針・点刻針〕

花芯を先に彫り、花びらは１枚ごとに内面をらせんと点刻で重ねます。〔丸針。剣先針。点刻ペン〕

菱形の中央に丸を入れる　〔丸針〕

花形は一つおきに細かいS字のらせんを彫り、点刻を中央に向かって薄くなるように入れる〔丸針・点刻ペン〕

葉は葉脈の上部にのみ細かいらせんと点刻を入れる〔丸針・点刻ペン〕

等間隔な放射状に彫ります。〔丸針・剣先針〕

使用針	
丸　針	輪郭線　らせん部
剣先針	輪郭線、S字のらせん彫り以外すべて
点刻ペン	S字らせんの上

20cm×1cm

図案　原寸

POINT

輪郭線の彫り方

・器を動かしながら点線で彫り進んでいくと、歪みの少ない曲線が描けます。

いちごの水差し

カラー口絵24ページ

いちごは難しい題材のひとつです。立体感や凹凸感を表現するために、時間をかけてゆっくり彫り進んでいきましょう。葉も実に合わせて薄く彫りましょう。実も葉も一つずつ仕上げ、可愛い小花も散らします。

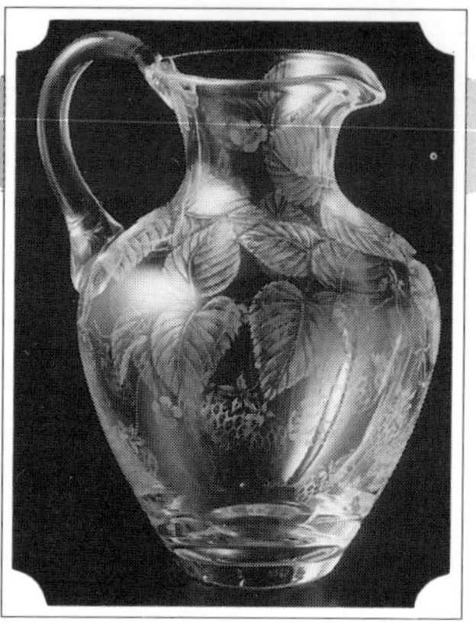

20cm×48cm

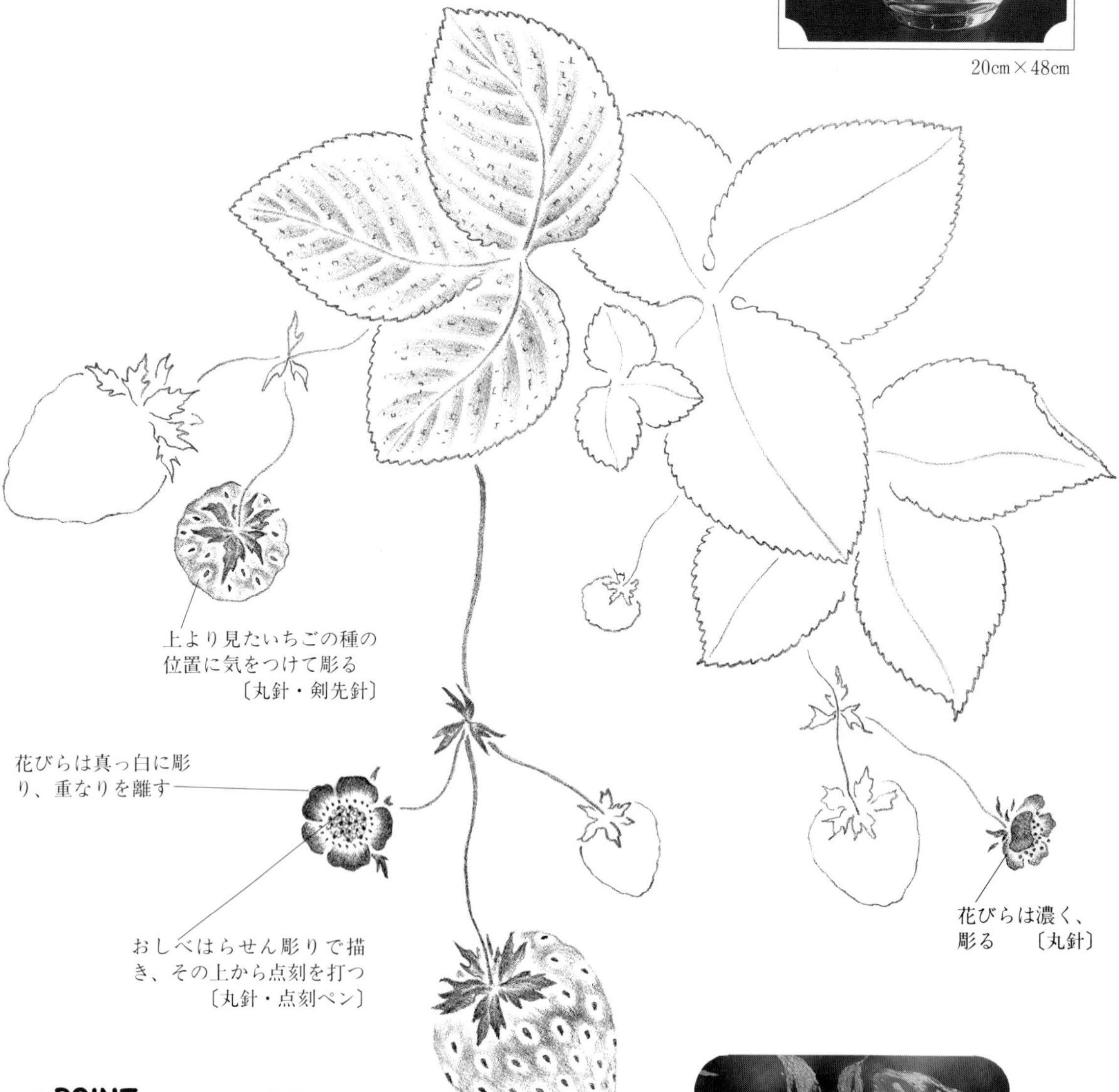

上より見たいちごの種の位置に気をつけて彫る〔丸針・剣先針〕
花びらは真っ白に彫り、重なりを離す
おしべはらせん彫りで描き、その上から点刻を打つ〔丸針・点刻ペン〕
花びらは濃く、彫る　〔丸針〕

POINT

・いちごは葉の重なりの中からつるを伸ばし、実をつけ、花を咲かせます。実の角度をそれぞれ変えて構成しましょう。

使用針	
丸　針	輪郭線 実 花 葉 おしべ
剣先針	葉　実　茎
点刻ペン	花粉

図案　原寸

葉と実は(52ページ)を参考に彫ります。　〔丸針・剣先針〕

25cm×32cm

おしどりの花瓶

カラー口絵27ページ

どっしりとした大きな壺におしどりと柳を配しました。丸い壺に図案を配置するときは、前後が重ならないように気をつけます。また、柳の丈が揃わないように工夫しましょう。

使用針	
丸　針	輪郭線 葉 羽
剣先針	目　柳の葉
点刻ペン	波紋

おしどりは骨格に合わせて細かい線で覆うように彫ります。〔丸針〕
目の縁周りをきりっと整え、黒眼を残し、白眼の彫ります。〔剣先針〕

図案　原寸

尾羽は細かい線彫りを平行に彫る〔丸針〕

波紋は外回りほど薄くなるように彫る〔点刻ペン〕

羽は外より根元に向かって、毛を1本1本感じさせるようにざくざくと質感を出すために、強めに彫り、接点は薄く彫ります。〔丸針〕

野菜のコンポート

カラー口絵25ページ

コンポートいっぱいのラディッシュ、さやえんどう、にんじんなどの野菜たちは食卓に健康と楽しさを運んでくれるでしょう。

直径29cm×10cm

使用針	
丸　針	輪郭線　さやえんどうの葉 にんじん　ラディッシュ
剣先針	にんじんの葉　ラディッシュ
点刻ペン	さやえんどうの実
グミ針	ラディッシュ

ラディッシュ

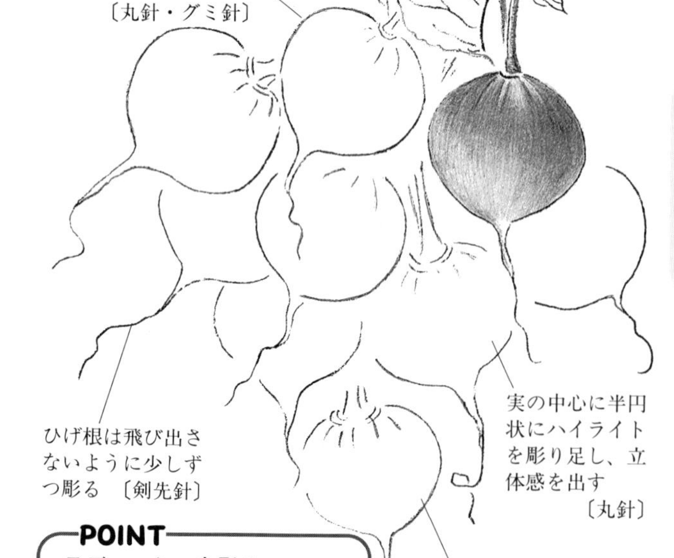
中心葉脈を丸針で彫り、その幅を根元にいくほど少しずつ広げて剣先針で彫る〔丸針・剣先針〕
葉の面は器を逆さにして葉先から根元に向かうように彫ると彫りやすい〔丸針〕
中心より膨らみをつけ、ひげ根に向かい薄く彫る〔丸針・グミ針〕
ひげ根は飛び出さないように少しずつ彫る〔剣先針〕
実の中心に半円状にハイライトを彫り足し、立体感を出す〔丸針〕
実は手前から彫り、重なりは離して後ろの実ほど薄く彫る〔丸針〕

葉の表と裏の変化に気をつける。表は葉脈を彫り残し、裏は線彫りにらせん彫りを加えてぼかします。〔丸針・剣先針〕

POINT

ラディッシュを彫る

・実がつるりとうまく彫れないときは、実全体をグミ針で曲線になでてから丸針で彫ると彫りやすくなります。

図案　原寸

にんじん

葉先より中心に向かって1枚ずつ彫り進み、茎へとまとめます。〔剣先針〕

横線を筒のように部分的に曲線(右から左へ)で彫り、その上から茎の左側に縦線を彫り足す〔丸針〕

1 両脇より中心部に向かい、曲線を重ねて面彫りする〔丸針〕

2 面彫りした上に、中心部より両脇に向かって薄くなるように縦線を彫り足す〔丸針〕

3 根の取れた後を短い曲線で濃く彫り足す〔丸針〕

葉の遠近感を出すために部分的に濃く彫る〔剣先針〕

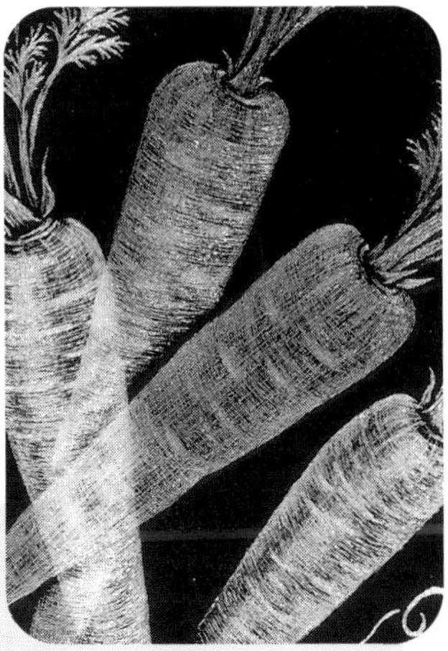

輪郭線を彫った後は1、2、3の順に彫り進みます。

さやえんどう

葉の面は薄くらせんを重ねることで、凹凸感を表現する〔丸針〕

葉脈をすべて薄く彫る〔丸針〕

らせんで凹凸感を表現し、実全体に点刻を打ち、少しずつ打ち重ねて立体感を出します。〔点刻ペン〕

プルーンのワイングラス

カラー口絵28ページ

プルーンはフルーツの実の基礎の彫りです。丁寧に彫り延ばし、曲面を表現しましょう。

使用針	
丸　針	実　葉
剣先針	葉

8cm×11cm

図案　原寸

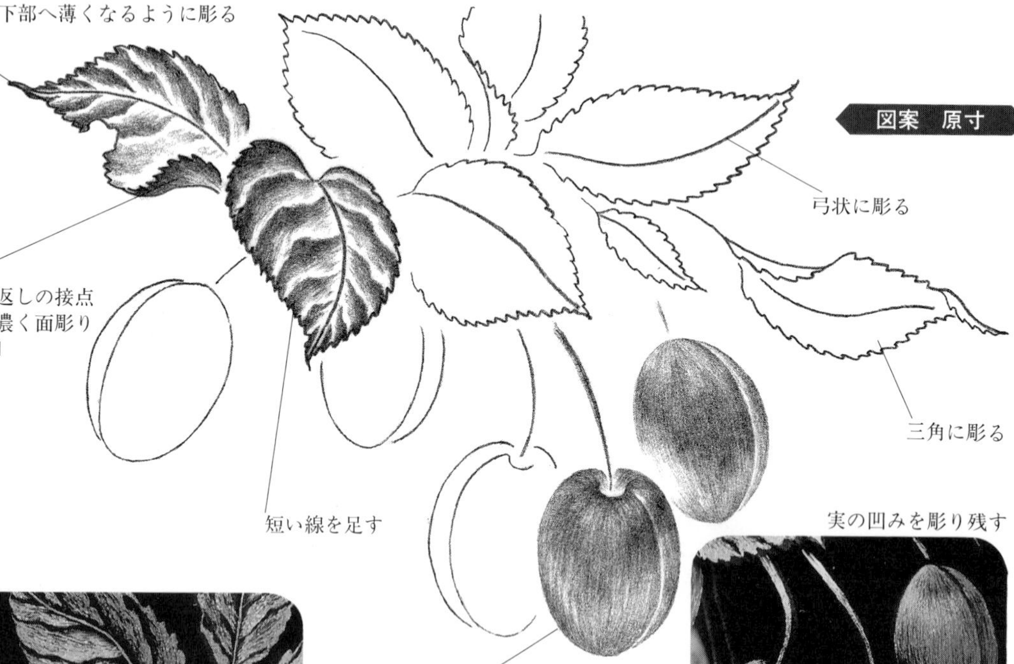
上部より下部へ薄くなるように彫る
弓状に彫る
葉の折り返しの接点は裏側を濃く面彫りする〔針〕
三角に彫る
短い線を足す
実の凹みを彫り残す
茎のつけ根が見える実は、放射線状に彫る

脇葉脈は、直線にならないようにランダムに彫り残します。

実の重なりは、後ろの実の接点部分を彫り残します。

POINT

彫り方

葉と実はプルーン(48ページ)を参考に彫りましょう。

8cm×11cm

さくらんぼのワイングラス

カラー口絵28ページ

さくらんぼの実の滑らかな表皮フルーツの基礎のひとつです。ガラスを常に動かし、無理のない姿勢で彫りましょう。
同型のガラスの器をぶどう、プルーン、いちごなどの果実で揃えるのも楽しいものです。

使用針	
丸　針	輪郭線　実　葉　枝
剣先針	茎　葉先

実の重なりは白く彫り込まないように注意し、遠近感を出します。

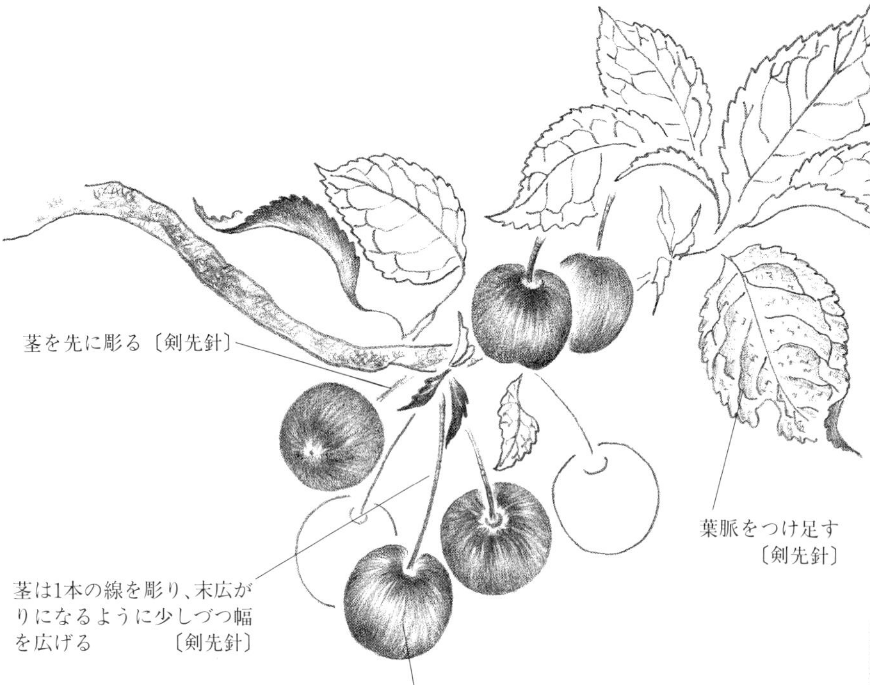
L字形に彫る〔丸針〕
茎を先に彫る〔剣先針〕
葉脈をつけ足す〔剣先針〕
茎は1本の線を彫り、末広がりになるように少しづつ幅を広げる〔剣先針〕
実は短い線をつなぎ合わせながら、底からへたに向かって弧を描くように彫る〔丸針〕

垂直線、階段線で葉筋を入れます。
〔剣先針〕

POINT

彫り方

さくらんぼ(50ページ)を参考に彫りましょう。

彫る手順

・へたの位置を確認するためにも茎から彫り始めます。

図案　原寸

アイビーのワイングラス

カラー口絵28ページ

葉の重なりや葉先の方向などが一定にならないように
アレンジして、いろいろな器に応用してみましょう。

8cm×11cm

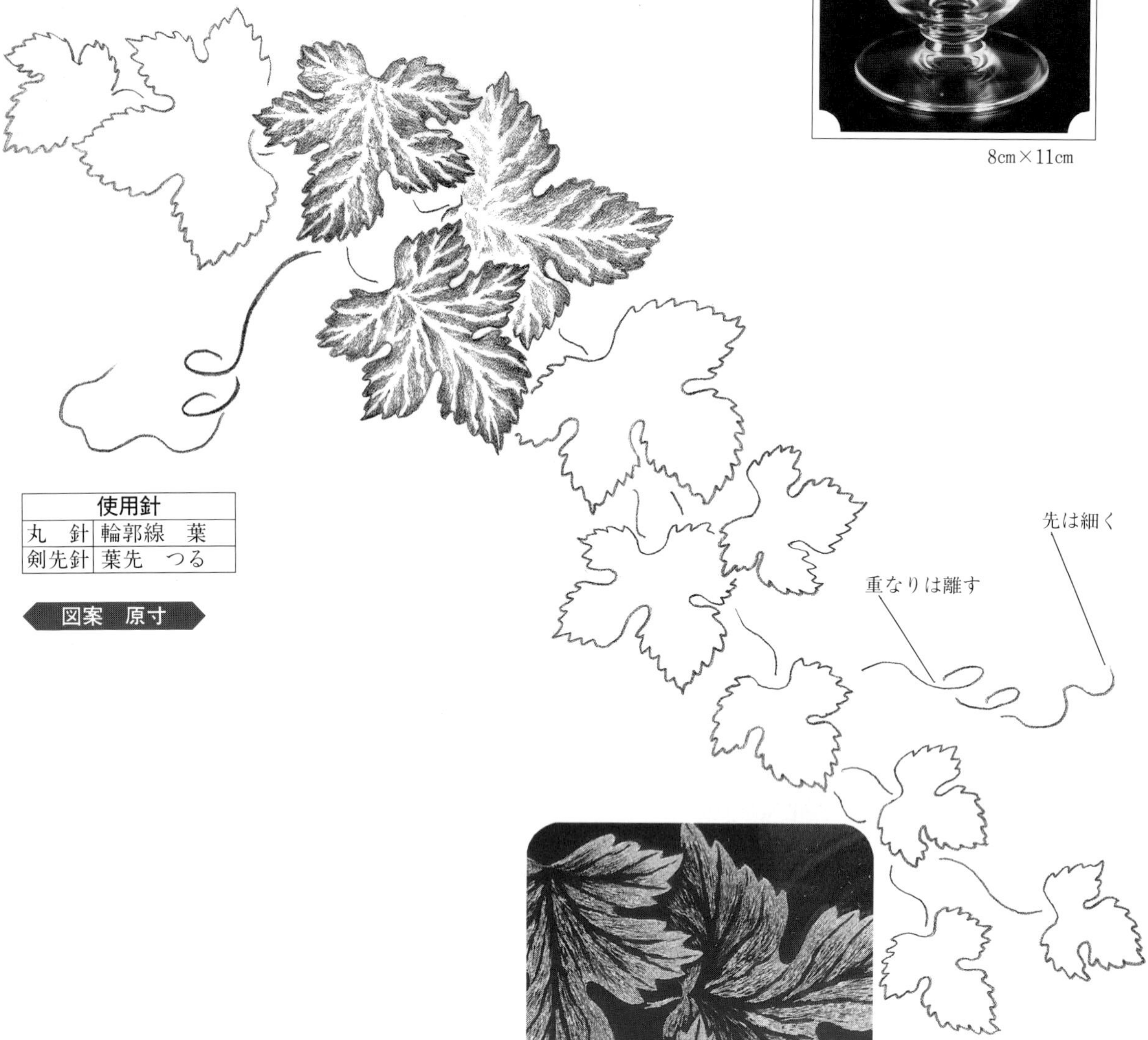

使用針	
丸　針	輪郭線　葉
剣先針	葉先　つる

図案　原寸

葉の重なりは下の葉の接点部分を
彫り残します。

POINT

彫り方
アイビー(48ページ)を参考
に彫りましょう。

8cm×11cm

藤のワイングラス

カラー口絵28ページ

同じ花、葉の繰り返しですが、丁寧に彫り込むことにより美しく仕上がります。
　単純なものこそ時間をかけて、ゆっくり丁寧に彫りましょう。

使用針	
丸　針	花　葉
剣先針	葉　つるの先端　ガク

図案　原寸

開いた花は中央に向かい外側より内側に薄く彫る〔丸針〕
花はひとつひとつ離して彫る〔丸針〕
中心葉脈は彫り残す。葉の面は中心葉脈に平行に彫り、中央部分を少し薄く彫り残す〔丸針・剣先針〕
つるは巻きの接点は離し、先に向かうほど細く彫る〔剣先針〕
先は剣先針
花びらの面は丸針
細かいガクは丁寧に彫る〔剣先針〕
花は離し気味に彫ることでより立体感を出す

花は外側よりガクに向かって、薄くなるように彫ります。(丸針・剣先針)

うさぎのワイングラス

カラー口絵28ページ

うさぎは短い点で体全体を彫りましょう。幼さを加えたいときは、その上から少し柔らかい短線を重ねます。
可愛らしさをより表現したいときは、目尻を下げ、目を大きくするとよいでしょう。

8cm×11cm

彫り跡が一定方向にならないように、線を交差させながら彫ります。

目は見ている方向を考慮して輝いているように彫り足し、周りをさらに縁取り、まつ毛を加える〔丸針〕
耳の中は、極薄く細かい点線を入れる〔丸針〕
目の輪郭線は線で彫る〔丸針〕
濃く
骨格がでているところは毛並みを濃く表現するために、より重ねて彫り足す〔丸針〕
草花は剣先針で彫る
短い点で骨格に合うように点で覆うように彫る〔丸針〕

図案　原寸

POINT

目の位置

・体全体を見て視線の位置を確かめて彫ります。(丸針)

使用針	
丸　針	うさぎ
剣先針	草花

6.5cm×23cm

すずらんのシャンパングラス

カラー口絵29ページ

すずらんをデザインしたシャンパングラスに、すずらんの花をいろいろな方向からデザインして葉を添えました。こんなグラスでシャンパンが飲めたらきっと幸せです。
グラスの縁まで彫りますから、少し弱めの力で薄く彫りましょう。

図案　原寸

使用針	
丸　針	輪郭線　花　葉
剣先針	花びらの先端　花芯　ガク

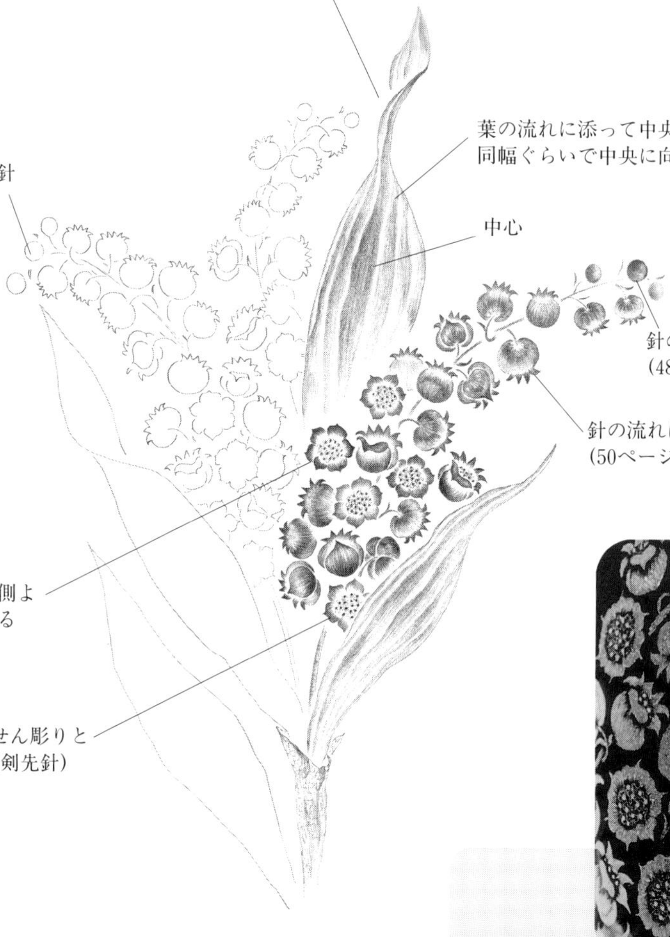

反り返り部分は接点を離す
葉の流れに添って中央を彫り、その両側より同幅ぐらいで中央に向かって薄く彫る〔丸針〕
ガクは剣先針
中心
針の流れはプルーンの実(48ページ)を参考に彫る
針の流れはさくらんぼの実(50ページ)を参考に彫る
一部彫り残すように、外側より中心に向かって丸く彫る
おしべはらせん彫りと小丸を彫る(剣先針)

グミ針で葉の流れに添って、垂直につないでから彫るときれいなグラデーションが表現できます。

POINT

・はかまはらせんと直線を重ねて、薄い表皮を表現します。

シェルの変形皿

カラー口絵31ページ

海辺の思い出の貝殻やカニを変形皿に配置しました。

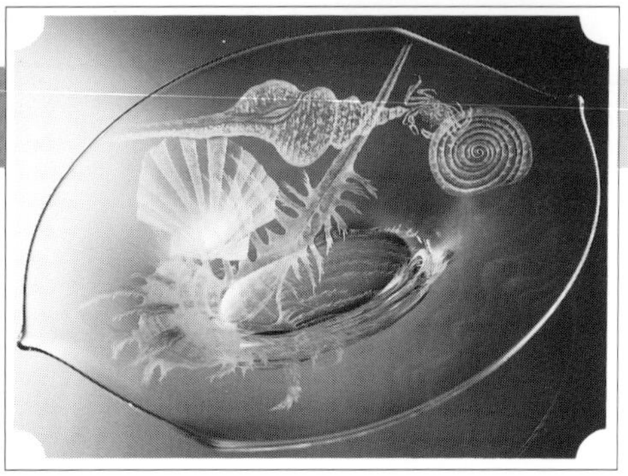

25cm×35cm×6.5cm

ごつごつ感を残すように、
粗めに彫ります。

中心より外側へ巻き角度を
45度斜めに彫ります。

図案　すべて原寸

使用針	
丸　針	輪郭線　貝
剣先針	貝の先端

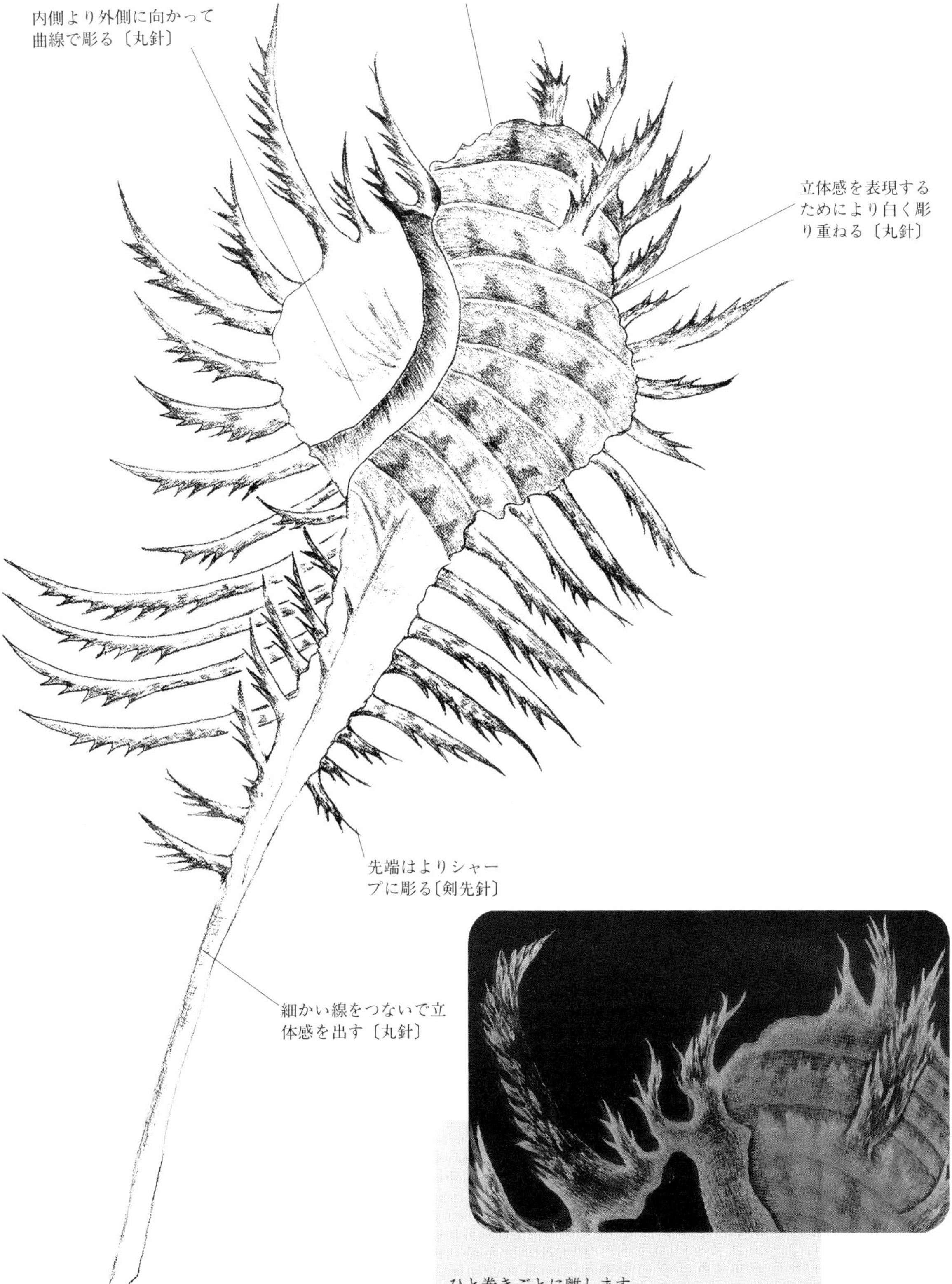
短い線をつないで彫る〔丸針〕
内側より外側に向かって
曲線で彫る〔丸針〕
立体感を表現する
ためにより白く彫
り重ねる〔丸針〕
先端はよりシャー
プに彫る〔剣先針〕
細かい線をつないで立
体感を出す〔丸針〕

ひと巻きごとに離します。

碗と箸置き

カラー口絵3ページ

昔からある日本の文様をアレンジしてみました。

丸紋

　簡単な図案で塗り潰していくだけのようですが、曲面の器に一線でも飛び出さないようにゆっくり時間をかけて彫り進みます。
　蓋は表裏に彫り、立体感を出します。

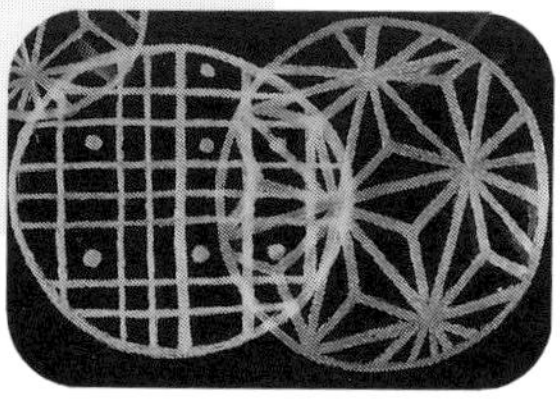

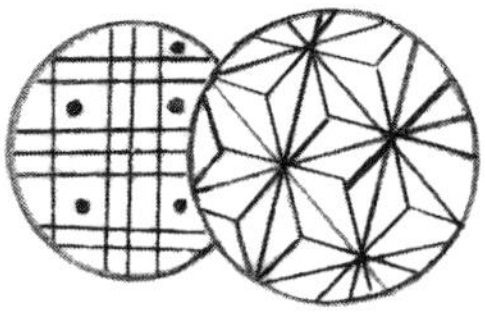

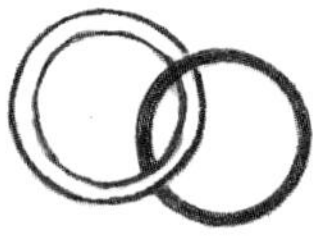

線の幅を広げるときは約5㎜ぐらいずつ針を繰り返し往復させる〔丸針〕

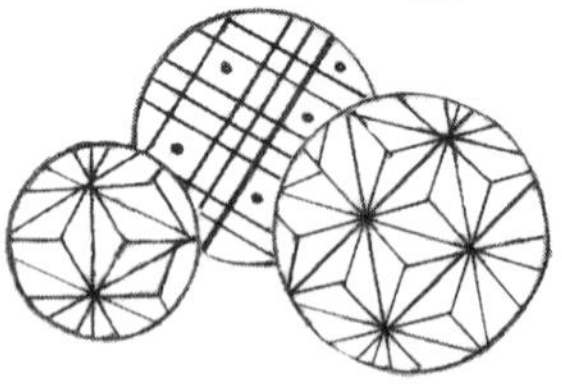

青海波

　繰り返しの美しい図案です。波を同じ幅で彫ることにより美しさを増します。

細めに彫り、全体のバランスを見ながら、徐々に太くしていく〔丸針〕

青海波は笹との接点を離して彫る〔丸針〕

青海波の使用針	
丸　針	輪郭線　彫り潰し
剣先針	仕上げ

POINT

青海波の彫る手順
1 輪郭線
2 笹
3 青海波

図案　すべて原寸

椀／直径12cm×8cm
箸置き／2cm×5cm

輪郭線は一気に彫らず、円の頂点より左右に広げるように点線で彫る〔丸針〕

丸紋の使用針	
丸　針	輪郭線　彫り潰し
剣先針	仕上げ

POINT

丸紋の図案の写し方

図案は彫り残す部分をひとまわり大きめに写し、丸針で少しずつ彫り縮めていきます。

桜と鹿の子

かわいい図案の組み合わせで、仕上がった作品からは華やかさを感じます。

花びらの重なりは離す

花芯は細かい点(丸)で表わし、隙き間のバランスを考え、いくつかの点から中心に向かって線を彫っておしべにする〔丸針〕

花びらは中央に向かい薄く彫り、丸く彫り残すときれい〔丸針〕

先端は角をつける

鹿の子と桜は離す

桜と鹿の子の使用針	
丸　針	輪郭線　花芯 桜の花びらの面
剣先針	花びらの先端　鹿の子

POINT

桜と鹿の子の図案の写し方

- 蓋と受けの図柄を合わせます。
- 鹿の子の縦と横の並びを揃え、間があき過ぎないように写します。

飛び魚のコンポート

カラー口絵30ページ

ひれの平行線が交差しないように気をつけて彫りましょう。一気に手を休めずに彫り、後でハイライトを入れながら調整します。

12.5cm×20.5cm

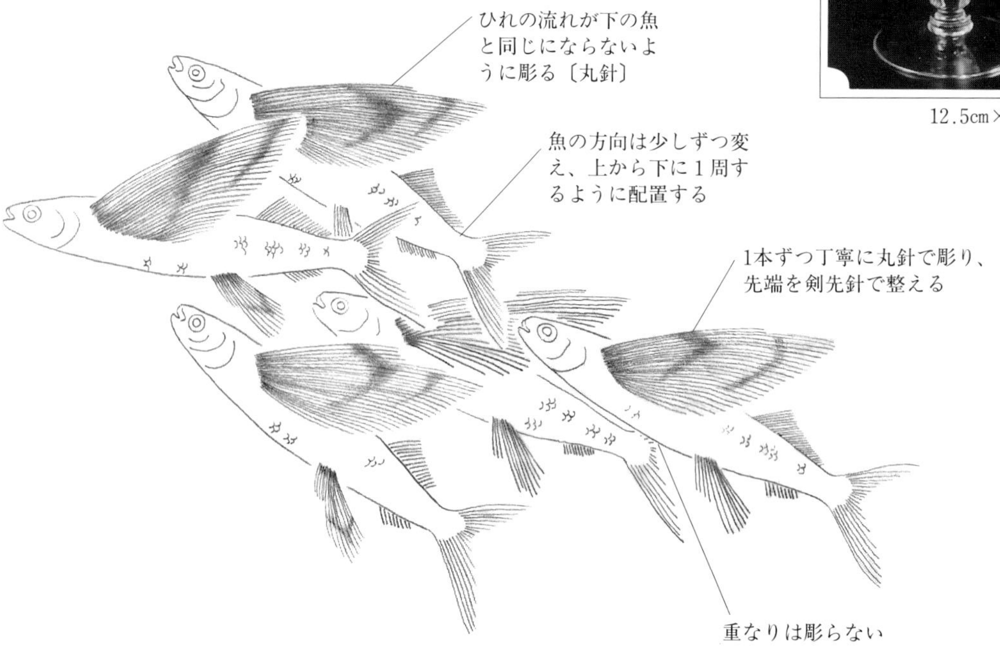

ひれの流れが下の魚と同じにならないように彫る〔丸針〕
魚の方向は少しずつ変え、上から下に1周するように配置する
1本ずつ丁寧に丸針で彫り、先端を剣先針で整える
重なりは彫らない

うろこは胴全体に彫らず、部分的に彫る〔丸針〕

POINT

飛天の図案について

・線彫りと点刻を効果的に使った図案です。線彫りと点刻のグラデーションの対比もおもしろいです。

図案　原寸

使用針	
丸　針	輪郭線　うろこ

13cm×13cm×3cm

飛《ひ》　天《てん》

カラー口絵33ページ

人物の中でも特に仏像の表情は難しく思います。心を落ち着かせ、静かな気持ちで彫ると、美しい顔に仕上がります。

使用針	
丸　針	輪郭線
剣先針	顔
点刻針	雲

図案　原寸

口、まゆ毛、目は大きめに彫り残し、全体のバランスをとりながらちょうどいい大きさまで彫ります。〔剣先針〕

髪は1本ずつ平行にはっきりと彫る〔丸針〕
外に向かうほど数を減らし、ぼかしていく〔点刻ペン〕
あらゆる方向から濃く彫り、最後に骨格に合わせたハイライトを彫り足す〔丸針〕
指は1本ずつ離すことを忘れず、爪から彫る〔剣先針〕
雲の輪郭線を打ってから、少しずつ打ち足して立体感を出す〔点刻ペン〕

雲はグラデーションで流れを出す〔丸針〕

エンゼルの器

カラー口絵39ページ

翼のついた器には夢のある可愛らしい図案を描きましょう。
天使の丸皿の点刻の下に名前を入れて、プレゼントにしても素敵です。

天使の丸皿Ⅰの使用針	
丸　針	輪郭線　人物
剣先針	花　つめやまつ毛などの細部
点刻ペン	クラデーション

天使の丸皿Ⅰ

図案　すべて原寸

顔は細かい部分を剣先針で図案より少し大きめに彫り、その後、剣先針で形を整えます。

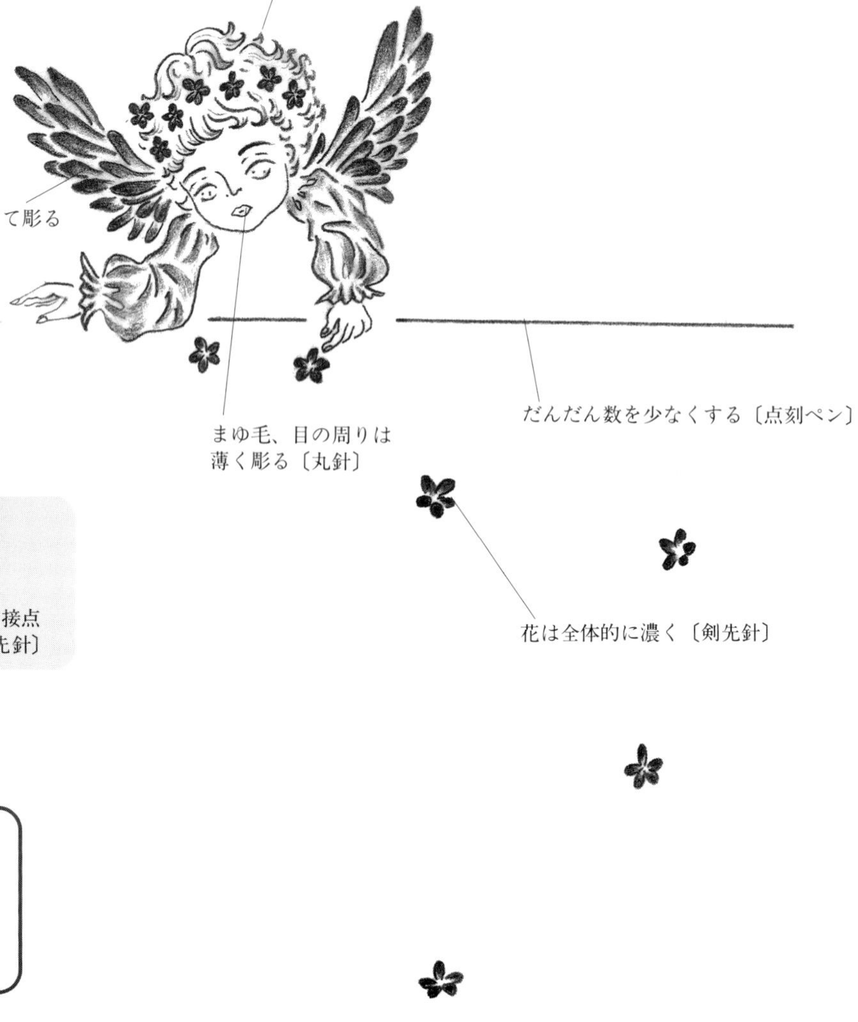

花を先に彫り、髪を後から彫り足し、ハイライトを加える〔剣丸針〕
1枚ずつ離して彫る
まゆ毛、目の周りは薄く彫る〔丸針〕
だんだん数を少なくする〔点刻ペン〕
花は全体的に濃く〔剣先針〕

指は一本ずつ分けて、接点を離し彫ります。〔剣先針〕

POINT

顔の彫り方

1 鼻と額を彫る。
2 眉とまゆ毛を残し、瞼や目の周りを彫る。
3 頬と口を彫る。

直径13cm×5cm　　直径15cm×3cm　　9cm×6cm

POINT

・軸の両側の羽の流れは揃えず、先を濃くシャープに整えます。
・点刻部分の輪は器の中に水を入れ、器を傾けて点刻を打つ位置を決めます。

先を束ね軸へ向かい扇状に彫る〔剣先針〕

ダウン(柔らかい部分)は中心より外側へ力を抜くように彫る〔丸針〕

点刻で少しずつ彫り足していく〔点刻ペン〕

軸は縦に彫った後、横線を入れて円柱の立体感を出します。〔丸針〕

羽根のクリーマの使用針	
丸　針	輪郭線　軸
剣先針	羽先と重なり
点刻ペン	クラデーション

天使の丸皿Ⅱ

羽は先を濃く、つけ根にいくに従って薄くなるように彫る〔丸針〕

羽のつけ根はらせんを描き、その上から点刻を加える〔丸針・点刻ペン〕

髪は一束ずつ分け、毛先をまとめて放射状に彫る〔丸針〕

点刻を打つ

服の凸面を中心に、両サイドより薄くなるように彫る〔丸針〕

手の周りは点刻を施さない〔点刻ペン〕

だんだん数を少なくする〔点刻ペン〕

天使の丸皿Ⅱの使用針	
丸　針	輪郭線　人物
剣先針	つめやまつ毛などの細部
点刻ペン	クラデーション

髪と額との接点は離し、鼻から彫り始めます。頬はふっくら仕上げましょう。

X'masのオーナメント

カラー口絵39ページ

クリスマスを迎えるたびに一つずつクリスマスベルとクリスマスボールを増やしてみませんか。クリスマスベルとボールの数だけ、思い出が広がります。

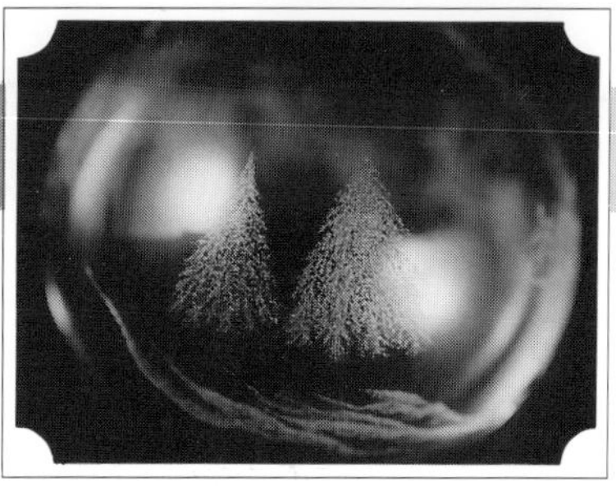

直径6cm

二頭並ぶトナカイの重なりは必ず離します。

クリスマスボールの使用針	
丸　針	輪郭線　木
点刻ペン	輪郭線　その他すべて

図案　原寸

木を線彫りし、その上に点刻で雪を打ち足す〔丸針・点刻ペン〕

クリスマスはそりに乗ったサンタクロースが大活躍です。動きのある楽しい雰囲気を点刻ペンで根気よく彫り上げます。

POINT

木の彫り方

1 上半分は、裾広がりに細かい線を彫ります。〔丸針〕
2 下半分は枝をつけて、末広がりに彫り進みます。枝は下にいくほど長く大きく彫ります。〔丸針〕
3 木の上に雪を少し強めに打ち足します。〔点刻ペン〕

POINT

輪郭線の彫り方

・点刻ペンで彫るのが難しいときは、丸針で薄く彫ってみましょう。
・輪郭線の際は濃いめに打つと効果的です。

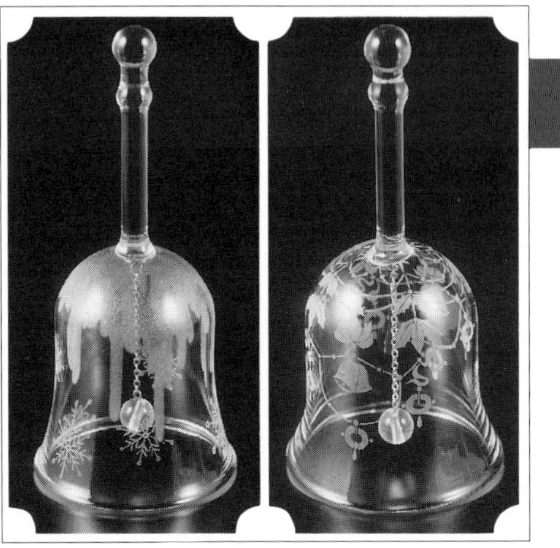

5cm×7cm

POINT

図案の写し方

1 油性ガラスペンで3等分した印をベルの持ち手のつけ根につけます。
2 持ち手から縁まで垂直に線を引きます。
3 それぞれの線を中心に図案を写します。

クリスマスベルⅠ

中央と先端の丸は中心から外側へ弧を描くように丸く彫る〔剣先針〕

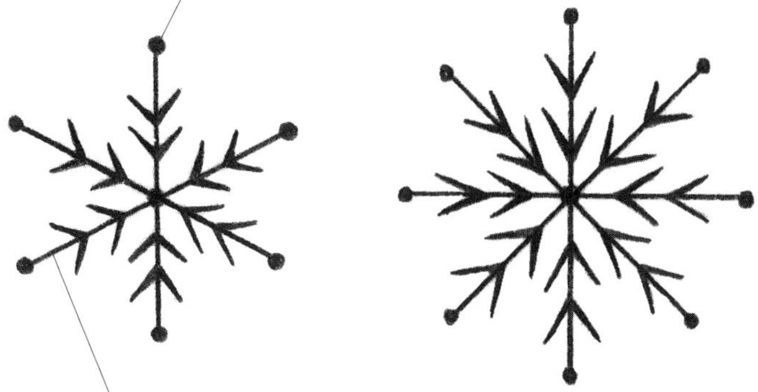

点線でめやす線を彫り直線につなげながら、少しずつ巾を広げる。〔剣先針〕

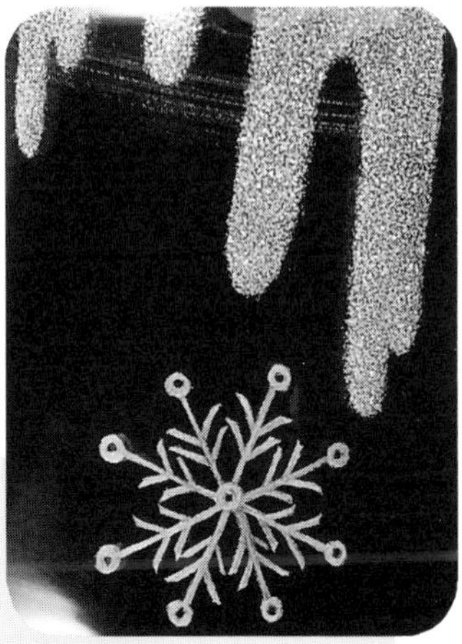

雪はベルのつけ根までむらなく、長さは揃えずに垂直に数多く打ちます。

クリスマスベルⅠの使用針	
丸　針	中心線
剣先針	中心線以外の雪の結晶
しずく針	降る雪
点刻ペン	雪

クリスマスベルⅡの使用針	
丸　針	輪郭線
剣先針	細かい部分
しずく針	彫り潰し部分

クリスマスベルⅡ

彫り潰す〔しずく針〕

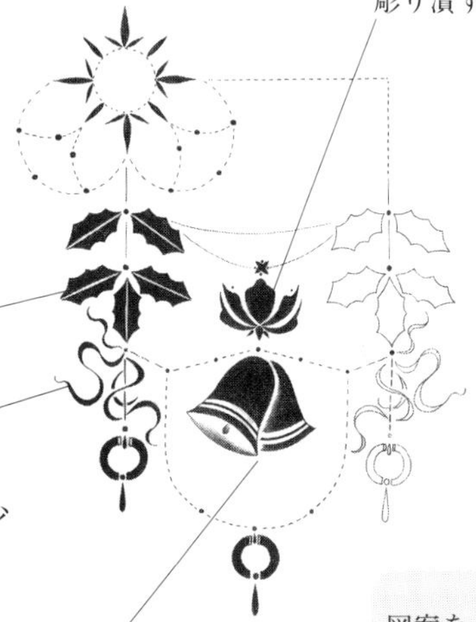

葉脈は彫り残す

長い線、曲線、細い線は少しずつ彫り延ばす〔丸針〕

重なり部分は離す

図案を3等分することにより、ベルの絵柄が重ならないようにします。

雪景色のガラスブロック

カラー口絵40ページ

雪の降り積もった雰囲気を出すためには輪郭線を薄く彫り、その上に雪を降らせるつもりで1点ずつ点刻を打っていきます。
この図案を元に、雪だるまやスコップなどを彫り足して楽しんでみたください。

屋根は棟を離し、点刻を打ち木の上にも雪を降らせます。
〔丸針・点刻ペン〕

屋根は左から右に平行な曲線を彫る〔点刻ペン〕

レンガは立体感を加えながら平行に彫り、交互に垂直線を入れ、その上から点刻を打ちます。〔丸針、点刻ペン〕
石壁は不揃いな楕円を丸針で彫り、目地を打ち残し、壁は直線で彫り、屋根は軒下と離します。〔丸針〕

雪の山は濃く、下にいくほど薄く彫る〔点刻ペン〕

枯れ木は根元から枝先に持ち上げるように幹は丸針で、枝は剣先針で彫ます。

11cm×18cm

使用針	
丸　針	輪郭線　家の隣の木
剣先針	木
点刻ペン	輪郭線以外すべて

図案　すべて原寸

階段は踏み面を彫ってから縦線でつなぐ〔丸針・点刻ペン〕

サンディング(板目)は1枚1枚の重なりを離し、角を尖らせる

重なりのすべて離す

降り積もった雪は、屋根丸みをつけることで表現します。〔点刻ペン〕

木はクリスマスボール(101ページ)を参考に彫る〔丸針・点刻ペン〕

著者紹介

井上裕子（いのうえゆうこ）

1976年　株式会社小学館
　　第四出版部美術歴史編集部退社
1979年　代官山バプティストチャーチ
　　カルチャーセンター工芸指導
1981年　アメリカンクラブカルチャー部工芸指導
1982年　オーストラリア・
　　ニュージーランドソサエティ工芸指導
1985年　代官山ギャラリー　26人展
1993～2000年
　　各地のカルチャーセンターにて指導
その他　ホテル女性講座、企業一日講習セミナーなどで多数講座を開催
最近の作品展
1997年　東急百貨店本店にて開催
1999年　恵比須ガーデンプレスにて開催
2000年　恵比須ガーデンプレスにて開催
〈住所〉〒152-0023　東京都目黒区八雲5-7-17

教室一覧
新宿産経学園　TEL03-3343-4703
東京都新宿区西新宿1-5-1　小田急百貨店別館ハルク7F
蒲田東急産経学園　TEL03-3733-1585
東京都大田区西蒲田7-69-1蒲田東急プラザ7F
横浜産経学園　TEL045-311-4461
神奈川県横浜市西区南幸1-5-1　相鉄ジョイナス3F
綾瀬産経学園　TEL03-3629-4953
東京都足立区綾瀬3-4-25　イトーヨーカドー綾瀬店6F
吉祥寺産経学園　TEL0422-21-4195
東京都武蔵野市吉祥寺本町1-8-22　吉祥寺パレスビル4F
銀座産経学園　TEL03-3571-6662
東京都中央区銀座5-2-1　銀座東芝ビル3F
自由が丘東急産経学園　TEL03-3718-4660
東京都目黒区自由が丘1-30-3　自由が丘東急プラザ5F
新百合丘産経学園　TEL044-965-0931
神奈川県川崎市麻生区上麻生1-4-1　小田急新百合ケ丘エルミロード6F
恵比寿厚生年金福祉センター文化教室　TEL03-3719-4841
東京都渋谷区恵比寿南3-9-8
昭和女子大学オープンカレッジ　TEL03-3411-5100
東京都世田谷区太子堂1-7
目黒学園カルチャースクール　TEL03-3442-7533
東京都品川区上大崎2-16-7　MICビル5F
ジュリアンカルチャースクール　TEL0422-20-7775
東京都武蔵野市吉祥寺本町2-16-17　ウエストサイドアレイ2F
熱田の森文化センター　TEL052-683-2323
愛知県名古屋市熱田区神宮3-6-34　名鉄パレ百貨店6F
NHK京都文化センター　TEL075-343-5522
京都府下京区東洞院通塩小路下る　ルネサンスビル6F
スペースプレジール　TEL03-3719-9443
東京都目黒区下目黒4-2-2
読売カルチャーサロン青山　TEL03-5485-5513
東京都渋谷区神宮前5-53-67　コスモス青山B2F　青山ブックセンター本店内

参考資料
南雲稔也著
「水墨で描く観音」日貿出版より
エロール・カイン著
「踊る１２人のお姫さま」ほるぷ出版より

作品協力者（順不同）
松井郁夫　井上整子　西田真理子　富樫智子　岩崎朋子　吉田時子　垣本和子　和田奈智子　守山その子　高野吏理子
中村理江　坂内たつ子　太田正枝　河野智子　高田伊知子　中名生迪子　藤巻園子　相馬奈美　城山三七子　島岡喜美子
松川真由美　柳本純子　梅村理子　石田淑代　遠藤奈緒美　小林眞理子　瀬下ミツ子　藤井陽子　三浦紀久子　西郡智子
鈴木とも子　伊東伸子　中田智子　須田喜三子　大竹幸恵　小池初代　谷田部康子　中川道子　大塚眞由美　三浦加奈
長沼祐子　星澤芳江　月野日出子　太田千香　赤坂祥代　小宮多真子　梅村章代　大野聖子　池澤武子　川野英子
ガラス製作／土肥硝子工業所　**小物製作協力**／井上千恵　**コーディネーター**／草野裕子

グラスリッツェンを楽しむ　***私の手彫りガラス***

著　者　井《いの》上《うえ》裕《ゆう》子《こ》
発行者　田波清治
発行所　マコー社
〒113-0033　東京都文京区本郷4-13-7
TEL　東京03（3813）8331
FAX　東京03（3813）8333
郵便振替／00190-9-78826
印刷所　大日本印刷株式会社

macaw

平成12年5月25日初版発行

ISBN4-8377-0200-7　C2071